中学校英語

# 「知識&技能」の教え方 ガイド&ワーク

瀧沢広人 著

JN043631

# 1年

明治図書

# はじめに

　私たちは日々，目の前の課題を1つ1つ乗り越えるために，授業に工夫を加えている。そして，課題は尽きない。しかし，だからこそ，教育は面白いのだと思う。その課題とはすべて，「生徒に学力をつける」という課題である。どのような学力かは，目の前の生徒の実態や，教師の理想によって異なる。教師は，自分の目指すべき理想を持っていなくてはいけない。こんな授業をしたい，こんな力をつけたい……という理想が，よりよい授業をつくっていく。

　さて，新教育課程が始まり3年が過ぎようとしている。学習指導要領の改訂は，私たちに多くの課題と示唆を与えてくれる。そして，私は，学習指導要領の改訂は，**最大の研修の場**だと，毎回，感じている。いわば，学習指導要領の改訂により，私たちは鍛えられていると思うのである。

　そんな，今回の改定の注目は，3つあると考える。

　1つ目は，「学習評価」である。

　「4観点の評価が3観点」になり，育てたい学力を改めて確認する機会となった。評価を考えると，指導が見えてくる。どのような学力が必要なのかが明確になってくるからである。3観点評価では，教師が作成する定期テストも，「知識・技能」と「思考・判断・表現」の差別化を必要とした。例えば，「読むこと」の問題でも，どこまでが「知識・技能」で，どこが「思考・判断・表現」なのか，区別する必要が出てきた。「関心・意欲・態度」も「主体的に学習に取り組む態度」の名称に変わり，コミュニケーションを図ろうとしている**状況**を評価することが求められるようになった。評価が明確になると，育てたい力が明確になる。

　2つ目は，「思考力，判断力，表現力等」の育成である。

　「思考力，判断力，表現力等」を育てるためには，生徒に考えさせる必要がある。ただ機械的に文を言ったり，組み立てたりするのではなく，場面や

状況に応じて，コミュニケーションの目的を捉え，適した表現を選び，自らの考えや気持ちを伝える。今回の全国学力・学習状況調査（令和5年実施）の問題も，考える力を必要とした問題が出されていた。まさしく，学習指導要領で求めている学力を体現した問題であったと感じた。

　3つ目は，本書のテーマである「知識及び技能」である。

　本来，「知識及び技能」の学力があって「思考力，判断力，表現力等」を育成する言語活動がある。「知識及び技能」がなく，「思考力，判断力，表現力等」はできない。このことは，学習指導要領にも書かれている。

> (3)　言語活動及び言語の働きに関する事項
> ①　言語活動に関する事項
> 　　(2)に示す事項については，(1)に示す事項を活用して，例えば，次のような言語活動を通して指導する。
>
> 　　　　　　　　　　『中学校学習指導要領（平成29年告示）』p.148

　「(2)に示す事項」は，「思考力，判断力，表現力等」を示す。「(1)に示す事項」は，「知識及び技能」を指す。つまり，「思考力，判断力，表現力等」は，「知識及び技能」を活用して，言語活動を行うということである。当然のことであるが，**忘れてはいけない部分**である。

　上手に，「知識及び技能」と「思考力，判断力，表現力等」を行ったり来たりさせつつ，丁寧に生徒を育てていきたいと思う。本書が少しでも先生方のお役に立てれば幸いである。

　なお，Chapter 2以降の「評価基準」の「十分に」とは約8割以上，「概ね」とは約6割～8割の習得状況を指す。


2024年2月

　　　　　　　　　　　　　　　　　　　　　　　　　瀧沢広人

# 目次

# Chapter 3

## 「語彙」の
## 教え方ガイド＆ワーク

# Chapter 4

## 「文法」の
## 教え方ガイド＆ワーク

## Chapter 1

# 中学1年「知識＆技能」の教え方ガイド

# 1 │「知識及び技能」って何を指導すればいいの？

　私たちは３つの学力を育てることを目的に授業を行っている。その３つとは「知識及び技能」「思考力，判断力，表現力等」「学びに向かう力，人間性等」である。これら３つの力が相互に，また必然的に関連しながら，生徒の英語力が高まっていく。当然，「思考力，判断力，表現力等」を育てるためには，「知識及び技能」の学力は必要である。

　「知識及び技能」があっての「思考力，判断力，表現力等」である。

　このことは，学習指導要領に記載があることは，「はじめに」でも述べた（下線強調は筆者）。

> (3)　言語活動及び言語の働きに関する事項
> ①　言語活動に関する事項
> 　(2) に示す事項については，(1) に示す事項を活用して，例えば，次のような言語活動を通して指導する。
>
> 『中学校学習指導要領（平成29年告示）』p.148

　(2) とは，「思考力，判断力，表現力等」の内容を指し，(1) は，「知識及び技能」を指す。「知識及び技能」を活用して，「思考力，判断力，表現力等」の活動を行うという構図なのである。

　よって，評価をする際，単に「通じていればよい」という問題ではない。学習した「知識・技能」を活用していなければ，「思考・判断・表現」の評価はできないのである。

　では，その「知識及び技能」とは何か。

　次の４項目である。

ア　音声
イ　符号
ウ　語，連語及び慣用表現
エ　文，文構造及び文法事項

　1つ目は，「音声」である。「音声」とは，正確に聞き取ったり，考えや気持ち等を伝えたりする際に，必要である。音声の特徴を理解し，聞き取れなければ，意図を理解することはできないし，音声をある程度正確に発せられないと思いは伝えることはできない。

　2つ目は，「符号」である。文末にはピリオド（フルストップ）を書き，文章が終わることを伝える。コンマの適切な使い方や引用符の用い方等々，読んだり書いたりする際に必要な「符号」の理解と活用を扱う。

　3つ目は，「語，連語及び慣用表現」である。まとめると「語彙」である。「語彙」がわからなければ，英語を理解したり，英語で表現したりすることはできない。なんといっても，「語彙力」である。英語がわからないことの多くは，語彙力が原因であり，語彙がわかれば理解できるのに，語彙が理解できないばかりに，相手の言っていることが聞き取れなかったり，文章が読めなかったりする。

　4つ目は，「文，文構造及び文法事項」である。いわゆる英語を組み立てるときの文のルールである。ここでは「文法」と括る。文法が理解できると，自分で文を組み立てることができる。また，文章を読んだ際も，文構造が明確になり，文章理解が進む。「語彙」と同様に，「文法」も「知識及び技能」の大きな部分を占めている。

POINT

　「思考・判断・表現」は，「知識・技能」の学力が前提となる。

# 2 | 「知識及び技能」の指導は，中学校の範囲だけでいいの？

　「知識及び技能」は，前回の学習指導要領（平成20年告示）と比べると，「文字」が削除されている（波線は筆者）。小学校での指導事項となった。

| 【平成29年告示】 | | 【平成20年告示】 |
|---|---|---|
| ア　音声 | | ア　音声 |
| イ　符号 |  | イ　文字及び符号 |
| ウ　語，連語及び慣用表現 | | ウ　語，連語及び慣用表現 |
| エ　文，文構造及び文法事項 | | エ　文法事項 |

　小学校に移行した「文字」は，中学校では指導しなくてよいのだろうか。このことを尋ねると，ほとんどの先生方は「指導すべきだ」に手を挙げる。「学習指導要領にはどう書いてありますか」と尋ねると，ポカ〜ンとした顔をする。
　そこで，次を提示する。あれっ？と思った箇所はないだろうか。

　2　内　容
　〔知識及び技能〕
（1）　英語の特徴やきまりに関する事項
　　実際に英語を用いた言語活動を通して，小学校学習指導要領第2章第10節外国語第2の2の(1)及び次に示す言語材料のうち，1に示す五つの領域別の目標を達成するのにふさわしいものについて理解するとともに，言語材料と言語活動とを効果的に関連付け，実際のコミュニケーションにおいて活用できる技能を身に付けることができるよう指導する。

『中学校学習指導要領（平成29年告示）』p.145

　そう。「小学校学習指導要領第2章第10節外国語第2の2の(1)及び次に示す言語材料」とあるのである。

　つまり，目標を達成するために必要と思われる事項は，**小学校で学習する言語材料であっても，中学校で繰り返し指導する**ということなのである。

　そう考えると「文字」は，読んだり書いたりする言語活動において，絶対に必要な「知識及び技能」である。もし，生徒が「文字」を十分に身に付けていないようであれば，中学校で引き続き指導しなくてはいけない。

　ちなみに解説には，次のようにも書かれている（下線強調は筆者）。

> 　小学校の外国語科での内容を踏まえ，中学校においては語や句，文を書く中でアルファベットの活字体の大文字と小文字を書くことができるように引き続き指導する必要がある。
>
> 『中学校学習指導要領（平成29年告示）解説　外国語編』p.33

　新課程になり，次のような発言も中学校教員から度々聞く。

　「小学校で学習した単語も指導しなくてはいけないのですか」

　もうおわかりのことと思うが，目標を達成させるために必要な単語であれば，**当然指導すべき**である。つまり，小学校で学習した単語も，中学校で学習する単語も，教科の目標を達成させるのに必要があれば，それらは指導するということになる。「中学校の単語だけでもたくさんあるのに，小学校のも視野に入れるのですか」という声が聞こえそうであるが，ここは腹を括るしかない。目標達成に必要なら，小学校での単語も指導すべきである。

**POINT**

　目標達成に必要であれば，小学校の指導事項も積極的に指導する。

# 3 | 「音声」は，何を指導するの？

「音声」は，次の5項目を指導する。

①現代の標準的な発音
②語と語の連結による音の変化
③語や句，文における基本的な強勢
④文における基本的なイントネーション
⑤文における基本的な区切り

　これらの5つが基本である。なお，小学校でも同様の項目が指導事項として挙げられている。

## ①現代の標準的な発音

　発音指導の出発点は，私は「アルファベット」であると感じている。小学校でアルファベットは学習してくるが，中学校入学時，再度，アルファベットの指導で，英語の発音を確認したい。特に，日本語にない発音の /f/ や /v/，/l/ や /r/ を確認する。その後，th の発音や，「ア」という4つの母音（/a/，/æ/，/ʌ/，/ə/）などを単語学習の中で，発音に気付かせ，より正確な発音で言えるようにする。

## ②語と語の連結による音の変化

　英語を聞きにくくさせているのが，「音の変化」である。単語の語尾が次の単語のはじめの音とくっついたり（連結），消えたり（脱落），違う音に変わったり（同化）する。音読指導の際に，音の変化を意識して音読させる。
　なお，自らが発音できる音は，聞くことができるという。

| 連結 | 子音と母音がくっつく音が「ラ行」になる（米） | Thank you. Come in.<br>Get in the car. Beautiful. |
|---|---|---|
| 脱落 | 語頭音が消える | I like him. → I like (h)im. |
| 同化 | 違う音に変わる | Did you …? I miss you. Last year |

### ③語や句，文における基本的な強勢

「語」における強勢は，2音節以上の単語に存在する。また，blackboard（黒板）と black board（黒い板）や，White House（米国大統領官邸）と white house（白い家）などの「句」では，アクセントの置き方によって意味が異なる。

「文」における強勢は，内容語が強調され，必然的に強勢が置かれる。そして強勢はほぼ等間隔に発音し，それが英語のリズムをつくっている。

また，伝えたいことには強勢が置かれる。Bob did it. と Bob did it. では，伝えたいことが異なる。

### ④文における基本的なイントネーション

「基本的な」とあるので，基本的なイントネーションを教える。通常 Wh 疑問文は下降調のイントネーションとなるが，往々にして，What did you see?♪と上昇調のイントネーションで言う場合が見られる。

まずは，基本的なイントネーションを押さえる。

### ⑤文における基本的な区切り

「区切り」はとても大切である。区切って読める，または話せるということは，意味のまとまりを意識していることになる。音読指導や内容読解指導の際，2年〜3年生では，自分で意味のまとまりで区切れるように導きたい。

また聞き手は話し手が区切ったところで話の内容を一旦整理するという。区切りごとに発話内容を束ねていくのである。

**POINT**

「音声」も「知識及び技能」の大切な指導事項である。

# 4 | 「符号」は，何を指導するの？

　小学校においては，終止符（ピリオド），疑問符（クエスチョンマーク），コンマなどの基本的な符号を学習してくる。中学校では，それらに加え，感嘆符（エクスクラメーションマーク）や，引用符（クオーテーションマーク），またコロン（:）や，セミコロン（;）の扱いも指導対象となる。

主な符号

| ピリオド（米）<br>フルストップ（英） | . | 文末につける。<br>I have breakfast at 9. |
|---|---|---|
| クエスチョンマーク | ? | 疑問文の文末につける。<br>Do you see a rabbit there? |
| コンマ，カンマ | , | ●文をつなげる。 I like it, and Ken likes it too.<br>●呼びかける。 Mari, stop!<br>●語を羅列する。 John, Ken, and I go there.<br>● Yes の後につける。 Yes, I do.<br>● please の前につける。 Come here, please.<br>●「～が言った」等のときにつける。 He says, "…"<br>●副詞句や副詞節の後につける。<br>One day, a dog came in.<br>When I was a child, I cried.<br>●不加疑問の前につける。<br>It's a nice day, isn't it? |
| アポストロフィー | ' | ●2つの語を省略する。 I'm fine. Let's go.<br>●名詞の所有格をつくる。 This is Ken's dog. |

| エクスクラメーション・マーク（英）エクスクラメーション・ポイント（米） | ! | ●驚きを表したり，強調させる。<br>What a cool boy! Look! |
|---|---|---|
| ハイフン | - | ２つ以上の単語をつないで１つの単語にする。<br>Fifty-one. Five-year-old boy. |
| クォーテーションマーク | " "<br>' ' | ●誰かの発言を引用する。<br>He says, "Don't come in."<br>●語や語句を引用する。<br>Can you see the sign 'Danger'? |
| コロン | : | ●時刻を表す。 It's 10:55.<br>●引用や例を羅列する。<br>I play sport: soccer, tennis ....<br>●会話の話し手を意味する。<br>Tom: What's that? |
| セミコロン | ; | 独立した節をつなげて１つの文章にする。<br>I went to hospital; I had a fever. |
| ドット | . | ●省略を表す。That's O.K.  Mr.Sato ....<br>●途中で言葉を中断する。Well ..., I see.<br>●その後の単語や文字を省略する。<br>One, two, three .... |
| ダッシュ | — | ●前の言葉をまとめる。<br>You see something—snakes! |

POINT

符号の「意味」や「使い方」も，折を見て指導する。

# 5 | 「語，連語及び慣用表現」は，何を指導するの？

　「英語の力は，単語の力」だと言ってもよい。単語を知らずに，英語は活用できない。では，単語指導は，どこを目指せばよいのだろうか。

　私は，**単語の書ける生徒を育てること**だと考えている。単語が読めたり，聞けたり，話せたりではなく，書けることを目指す。書ける単語のほとんどは読める単語である。つまり，書けることをゴールにすれば，必然的に読むこともできる単語であると言える。では，どのようにしたら，単語が書けるようになるのであろうか。詳細は，拙著『苦手な子も読める！書ける！使える！中学校の英単語「超」指導法』（明治図書）に詳しく書いた。次のようなステップが必要である。

## ステップ1　文字や綴りを音と一致させながら，綴りを覚えさせる

　文字（アルファベット）の音は，小学校で学習してくる。しかし，当然ながら習得・定着までには至っていないと予測される。

　そこで，中学校では改めて文字の音を指導するというのではなく，単語練習をしながら，**文字には音があること**を理解させる。単語の中にある文字の1つ1つの音を理解させながら，文字の音を声に出しながら単語練習をさせるようにする。それも「指」で練習させる。鉛筆を持つと，ただ書くことだけが目的となり，覚えようとしない。覚えたら，鉛筆を持つようにさせる。

　そして，1年の1学期くらいは，1日に5単語ずつ，授業中に練習時間をとる。授業中の5単語が時間的にも生徒の集中力からしても限度かと考える。大事な単語といいながら，その多くを家庭学習に回してしまうと，家で勉強する生徒はよいが，家で勉強しない生徒は，ここで差がついてしまう。大事なことは**授業中が勝負**であると考える。

## ステップ2　単語を復習する機会をつくる

　ある程度，単語を学習したら復習する機会をつくる。私はそれを25問テストと呼んで，繰り返し，単語を復習させていた。また，25問テストが4回溜まると，100題テストができる。すると，生徒は同じ単語を3～4回は繰り返すこととなる。その過程で，生徒は文字や綴りと音の関係に慣れ始め，だんだんと単語が書けるようになっていく。単語練習をした量が質に転化するのである。いわゆる「手続き的記憶」となる。

　「たかが単語，されど単語」で，単語が書けるようになると副次的産物で，生徒は**英語学習に自信を持つ**ようになる。英語を苦手とする生徒の多くは，単語が覚えられないことが起因となる。単語が書けると自信を持ち，英語学習の壁が低くなる。人は，乗り越えられそうなことには取り組もうとする心理が働く。単語を書けるようにすることは，小学校の指導事項ではないので，中学校教師の仕事である。1年の最初に，単語を綴りの覚え方を丁寧に指導していきたい。詳細は，Chapter 3の1～4に記した。

| 中学校学習指導要領「外国語科」 | 小学校学習指導要領「外国語科」 |
|---|---|
| ウ　語，連語及び慣用表現<br>　（ア）　1に示す五つの領域別の目標を達成するために必要となる，小学校で学習した語に1600～1800語程度の新語を加えた語<br>　（イ）　連語のうち，活用頻度の高いもの<br>　（ウ）　慣用表現のうち，活用頻度の高いもの | ウ　語，連語及び慣用表現<br>　（ア）　1に示す五つの領域別の目標を達成するために必要となる，第3学年及び第4学年において第4章外国語活動を履修する際に取り扱った語を含む600～700語程度の語<br>　（イ）　連語のうち，get up，look at などの活用頻度の高い基本的なもの<br>　（ウ）　慣用表現のうち，excuse me，I see，I'm sorry，thank you，you're welcome などの活用頻度の高い基本的なもの |

**POINT**

　中学1年生の1年間で，単語の綴りを覚える方法を教える。

# 6 | 「文，文構造及び文法事項」は，何を指導するの？

　小学校の指導事項と大きく異なるところは，中学校には，「文，文構造及び文法事項」というように，「文法事項」が入っている点である。つまり，小学校における「文及び文構造」は，あくまでも「表現」として学習し，「文法」は学習しないということに留意する。

| 中学校学習指導要領「外国語科」 | 小学校学習指導要領「外国語科」 |
| --- | --- |
| エ　文，文構造及び文法事項<br>　（ア）文<br>　　a　重文，複文<br>　　b　疑問文のうち，助動詞（may, will など）で始まるものや or を含むもの，疑問詞（which, whose）で始まるもの<br>　　c　感嘆文のうち基本的なもの<br>　（イ）文構造（省略）<br>　（ウ）文法事項（省略） | エ　文及び文構造<br>　（ア）文<br>　　a　単文<br>　　b　肯定，否定の平叙文<br>　　c　肯定，否定の命令文<br>　　d　疑問文のうち，be 動詞で始まるものや助動詞（can, do など）で始まるもの，疑問詞（who, what, when, where, why, how）で始まるもの<br>　　e　代名詞のうち，I, you, he, she などの基本的なものを含むもの<br>　　f　動名詞や過去形のうち，活用頻度の高い基本的なものを含むもの<br>　（イ）文構造（省略） |

　よって中学校では，文法として，生徒に英語を学ばせることになる。基本的な指導過程は，次のようにする。

**①目標言語が使われる場面を設定し，目標文を導入する**

　導入時から，言語活動を通して指導する。「言語活動を通して指導する」

ということは，現行の学習指導要領での極めて重要なキーワードである。私たちは，単語や表現，文法事項等を「言語活動を通して」指導しなくてはいけない。よって，文法導入時においても，言語活動（互いの考えや気持ちを伝え合うなどの活動）を押さえ，生徒たちに目標文と出会わせたい。

### ②理解をさせる

目標文を導入したら，簡単でいいので，目標文の解説を入れる。意味がわからないまま，その後の活動をさせるのは酷である。おおよそでいいから，どのような意味であるのかを説明しておく。そして必要に応じ練習させる。文法が理解できているかどうかは，試しに言わせてみるとよい。

### ③言語活動を行う

目標文を使って，言語活動を行い，文法事項に慣れるようにする。生徒の考えや気持ち（など）を伝え合うなどの活動で，文法事項の理解を深める。例えば，「自分の友達のよさを伝え合おう」とし，3 人称単数現在形を使う場面をつくる。可能であれば，「目的や場面，状況」を設定する。「友達の選挙演説の応援をするかのように，友達のよさを伝える文を書きましょう」のように目的を持たせる。

### ④文法事項を整理する

ここが大切な箇所で，板書で，文法事項をわかりやすく，ポイントを押さえて整理する。教師の役割は，**難しいことをやさしく教えること**である。難しいことを難しいままに教えるのではない。まして，簡単なことなのに敢えて難しくしてしまってはいけない。何事も，Simple is the best. である。

文法事項で必要な知識は，ほぼすべてここで提示する。後出しはしない。生徒は，初頭効果で，はじめに知ったことが最後まで頭に残る。だから余程のこと，指導事項を厳選し，教えるべきことはすべて教える。そして，できるだけわかりやすく，シンプルに提示する。

> **POINT**

文法の「知識及び技能」を細分化し，わかりやすく指導する。

# Chapter 2

# 「音声」の教え方ガイド＆ワーク

# 1 文字を正しく発音する

## 身に付けさせたい「知識＆技能」のポイント

　生徒は小学校でアルファベットを学習してくる。しかし，学年が進むにつれ，徐々に日本語式の発音になってしまう。そこで，１年の早い時期に，アルファベットの名称の正しい発音を確認しておく必要がある。また，文字の発音は，英単語の「音素」の発音に通ずるものがある。

## 指導の流れと評価例（15分）

| ねらい | ○教師の指導／支援　●生徒の活動 | 留意点 |
|---|---|---|
| 正しい発音を確認する。<br><br>（5分） | ○文字を見せて，発音を確認していく。<br>T：（Aの文字を見せる）　　Ss：エー<br>T：もう一度？　　　　　　Ss：エー<br>T：「エー」ではなくて「エイ」。<br>Ss：エイ<br>T：Good! | ・小学校の学習の成果を認めつつ，指導に当たる。<br>・１文字ずつ発音の基本を確認していく。 |
| 正確に発音できるようにする。(10分) | ●発音練習する。<br>・教師の後に繰り返す。<br>・個人で練習する。<br>・ペアで聞き合う。 | ・評価基準に基づき，ペアで相互評価する。 |

〔評価例〕・タブレットに発音を録音して提出させる。
　　　　　・アルファベット発音のパフォーマンステストを行う。

## 評価

| 評価規準 | アルファベットを正しく発音する技能を身に付けている。 | | |
|---|---|---|---|
| 評価基準 | 十分満足できる（a） | 概ね満足できる（b） | 努力を要する（c） |
| | **ほぼすべて**の文字を正しく発音することができる。 | **概ね**ほとんどの文字を正しく発音することができる。 | 日本語式の音が抜けず，英語音が出せていない。 |

ワークシート 1

アルファベットを正しく発音できるようにしよう！

Class（　　）Number（　　　）Name（　　　　　　　　　）

○英語には，日本語にない音があります。それらの音に特に気をつけて，日本
語式の発音にならないようにしましょう。＊印は特に注意！

A 「エー」ではなく，「エ」と「イ」で，「エイ」。

B 手のひらを口の前に置いて，手のひらに息がかかるように。

C 「シー」にならないように，歯と歯を合わせて「スィー」。

D Bと同様に，手のひらに息がかかるように。

E 日本語の「イ」よりも，やや横に開きながら「イー」。

＊F 下唇を軽くかみ，「フ」っと，息を出す。

G 唇を丸く突き出し（ここがポイント），「ジー」と言う。

H 「エイチ」の最後の「チ」は唇を丸くする！

I 「ア」と「イ」で，「アイ」。

J 唇を丸めてから「ジェイ」。

K 「ケー」でなく，「ケイ」。

＊L 「エ」と言った後，舌をぐっと持ち上げ，前歯の裏へ持っていく。

M 「エム」の「ム」は，唇を閉じる。

N 「エヌ」の「ヌ」は，唇を閉じず，「エ（ン）ヌ」と鼻から息を出す。

O 「オー」ではなく，「オ」と「ウ」で，「オウ」。

P 手のひらを口の前に置いて，手のひらに息がかかるように。

Q 「キュー」と言いながら，唇を丸めていく。

＊R 「アー」と，舌をのどの奥の方へ移動させる。「アール」ではない。

S 「エス」の「ス」は，最後に歯と歯を合わせる。

T 口を横に開きながら，「ティー」。

U 「ユー」と，唇を丸めていく。

＊V Fの音と同じように，下唇をかんで，「ヴィー」。

W 2つのUで，「ダブルユー」というような感じで，「ダブユー」。

X 最初の「エ」の口の形をしてから，「クス」となる。

Y 最初に唇を丸めておいてから，「ゥワイ」と言おう。

Z 歯と歯を合わせるのがポイント。Gにならないように「ズィー」。

# 2 | 「はじめの音」を取り出す

## 身に付けさせたい「知識＆技能」のポイント

　日本語は，「子音＋母音」が１つの音のまとまりであり，音の最小単位となる。一方，英語は，「子音」と「母音」が切り離され，「音素」が音の最小単位となる。そこで，語頭部の「子音」と「母音」を切り離させ，文字には音があるということを教える。それが，単語の綴り練習に生きてくる。

## 指導の流れと評価例（10分）

| ねらい | ○教師の指導／支援　●生徒の活動 | 留意点 |
|---|---|---|
| 子音を母音から切り離すことができる。 | ○「はじめの音」に気付かせる。<br>T：（犬の絵を見せる）　　　Ss：dog<br>T：はじめの音は？　　　　　Ss：ド<br>T：（黒板にdogと書く）<br>　（dを指さして）ここだけ。　Ss：ド<br>T：/ド/ は，do，ここの部分ですね。<br>　（dを指さして）ここだけは？　Ss：/d/<br>T：そう！ | ・テンポよく行う。<br>・この時間内で身に付けるという考え方でなく，繰り返し行う帯学習の中で，少しずつ，音が取り出せるようにする。 |
| （10分） | ○「はじめの音」を取り出させる。<br>・cat, tennis, soccer, baseball など，身近な英単語の「はじめの音」を尋ねていく。 | |

〔評価例〕・１人ずつ教師のところに来させ，はじめの音を３つ言わせる。
　　　　例）T：（ネコの絵を見せる）　S：cat, /k/

## 評価

| 評価規準 | 子音を母音から切り離し，はじめの音を取り出している。 | | |
|---|---|---|---|
| 評価基準 | 十分満足できる（a） | 概ね満足できる（b） | 努力を要する（c） |
| | **十分**にはじめの音が取り出せている。 | **概ね**はじめの音が取り出せている。 | 子音に母音がついてきてしまう。 |

ワークシート2

## はじめの音はな〜に？

Class（　　）Number（　　）Name（　　　　　　　）

> 日本語は,「子音と母音」で, 1つの音のまとまりとなります。しかし英語は,「子音」と「母音」が切り離されます。切り離せるようになると, 単語を読んだり, 書いたりするときに, とても役に立ちますよ。

○「はじめの音」に下線を引き, 音を取り出して言ってみよう!

① pizza（ピザ）　② banana（バナナ）　③ tennis（テニス）

④ dog（犬）　⑤ cat（ネコ）　⑥ gorilla（ゴリラ）

⑦ fox（きつね）　⑧ vest（ベスト）　⑨ soccer（サッカー）

⑩ zoo（動物園）　⑪ mouse（ねずみ）　⑫ nose（鼻）

⑬ lion（ライオン）　⑭ rabbit（うさぎ）　⑮ hot（暑い）

⑯ Japan（日本）　⑰ yes（はい）　⑱ king（王様）

⑲ queen（女王）　⑳ apple（リンゴ）　㉑ egg（卵）

㉒ ink（インク）　㉓ octopus（タコ）　㉔ umbrella（傘<sup>かさ</sup>）

㉕ walk（歩く）

○教科書にある単語でも, はじめの音を取り出して言ってみよう!

# 3 | 単語の中の１つ１つの音素を取り出す

## 身に付けさせたい「知識＆技能」のポイント

　英語にはおよそ42個の音素がある。それら１つ１つの音素の発音の仕方を教え，英語には，日本語とは異なる発音があることに気付かせる。また，２年からは，発音記号を積極的に用い，文字の音を印象付ける。発音できる音は，聞いても，音の違いが聞き分けられるようになる。

## 指導の流れと評価例（5分）

| ねらい | ○教師の指導／支援　●生徒の活動 | 留意点 |
|---|---|---|
| 音素の音の違いを理解し，発音することができる。 | ○新出語の導入で，文字の音を理解させる。<br>T：(fromの綴りを見せる) Can you read this?<br>Ss：from<br>T：Good.「はじめの音」は？　　Ss：フ<br>T：(r を指さし) ここは？　　　Ss：/r/<br>T：(o を指さし) ここは？　　　Ss：オ<br>T：(m を指さし) ここは？　　　Ss：ム<br>T：言ってみましょう。/f/　　Ss：/f/<br>T：/f/　　　　　　　　　　　Ss：/f/<br>・/f/ の口の形は，アルファベットで経験済みで | ・アルファベットの発音がそのまま「音素」を発音するときの口の形や舌の形になっていることが多いので，関連付けながら行うとよい。 |
| （5分） | あるので，思い出させながら発音指導を行う。 | |

〔評価例〕・列指名等で，１文字ずつ音素を言わせ，理解度を確認する。
　　　例）T：(morning の m を指さす)　　Sl：/m/

## 評価

| 評価規準 | 単語の中の１つ１つの音素を取り出している。 | | |
|---|---|---|---|
| 評価基準 | 十分満足できる（a） | 概ね満足できる（b） | 努力を要する（c） |
| | **十分に**単語内の音素を正確に言える。 | **概ね**単語内の音素を正確に言える。 | 自信を持って言えていない。 |

ワークシート 3

## 英語の発音ができるようになろう

Class（　　）Number（　　）Name（　　　　　　　　　）

○日本語にはない６つの音

| 文字 | f | v | l | r | th | th |
|---|---|---|---|---|---|---|
| 発音記号 | /f/ | /v/ | /l/ | /r/ | /θ/ | /ð/ |
| 単語 | fox | vet | lion | red | think | this |

○７つの母音

| 文字 | a | e | i | o | u |
|---|---|---|---|---|---|
| 発音記号 | /æ/・/ə/ | /ɛ/ | /i/ | /ɔ/・/a/ | /ʌ/ |
| 単語 | Japan | egg | ink | hot | cut |

○６つの破裂音

| 文字 | p | b | t | d | k/c/q | g |
|---|---|---|---|---|---|---|
| 発音記号 | /p/ | /b/ | /t/ | /d/ | /k/ | /g/ |
| 単語 | pig | bed | table | desk | quick | go |

○その他の９つの子音

| 文字 | m | n | s | z | h | w |
|---|---|---|---|---|---|---|
| 発音記号 | /m/ | /n/ | /s/ | /z/ | /h/ | /w/ |
| 単語 | map | neck | sun | zoo | hat | wolf |

| 文字 | y | j | x |
|---|---|---|---|
| 発音記号 | /j/ | /dʒ/ | /ks/ |
| 単語 | year | jet | box |

# 4 | つっかえずに音読する

## 身に付けさせたい「知識＆技能」のポイント

音読の知識及び技能の指導の出発点は，「つっかえずに読める」である。表現させる音読の前に，まずは，つっかえずに読めること，すらすら読めるようになることを目指し，指導する。そのためには，10回の音読の目安を持つ。変化をつけながら，スモールステップで音読指導を行う。

## 指導の流れと評価例（7分）

| ねらい | ○教師の指導／支援　●生徒の活動 | 留意点 |
|---|---|---|
| つっかえずに読むことができる。<br><br><br><br><br><br><br><br><br>（7分） | ○音読に変化をつけ，段階的に指導していく。<br>・次のような手順で，10回音読を行う<br>①教師の後に丁寧に繰り返す。<br>②少しスピードをつけ繰り返す。<br>③意味のまとまりで斜めの線（／）を引きながら繰り返す。<br>④正しく線が引けているか確認しながら，繰り返す。<br>⑤教師が日本語で言い，生徒は英語で言う。<br>⑥〜⑩立って1回，座って何回も読む。 | ・音読ができるようになるためには，個人練習することである。<br>・一斉では音読できても，個人ではできないことが多々ある。 |

〔評価例〕・タブレットに発音を録音して提出させる。
　　　　　・単元末に，音読のパフォーマンステストを行う。

## 評価

| 評価規準 | 子音を母音から切り離し，はじめの音を取り出している。 | | |
|---|---|---|---|
| 評価基準 | 十分満足できる（a） | 概ね満足できる（b） | 努力を要する（c） |
| | 1〜2か所は，つっかえるが最後まで読める。 | 3〜4か所，つっかえるが最後まで読める。 | つっかえることが度々ある。 |

ワークシート 4

## 教科書の英文をつっかえずに，読めるようにしよう

Class（　　　） Number（　　　） Name（　　　　　　　　　　　）

> 音読では，単語の発音に気をつけながら，まずは，「つっかえずに読む」ことをします。途中で，つっかえたら，また最初から読むくらいの気持ちで音読練習すれば，ばっちり！です。

音読練習メニュー ＊自分で考えた音読練習があったら，先生に教えてね。

1 個人練習

- □1-1 単語を1つ1つ丁寧に発音を確認しながら，読みましょう。
- □1-2 慣れてきたら，少しずつ，読むスピードをあげていきましょう。
- □1-3 教科書の上の方に〇を10個描き，1回音読したら〇を黒く塗りましょう。
- □1-4 意味のまとまりごとに線（／）を引き，そこ以外では区切らないよう音読しましょう。
- □1-5 「イントネーション」や，「間」に気をつけて読みましょう。
- □1-6 息継ぎなしで，英文を上から下まで一気に読んでみましょう。
- □1-7 1分間で，何回読めるかやってみましょう。
- □1-8 英文を1文ずつ2回読み，2回目は天井を向いて音読しよう。
- □1-9 つっかえたら，また最初から読み始め，最後までつっかえないで読めるようにしましょう。
- □1-10 タブレットに録音して，自分の音声を聞いてみましょう。

2 協同学習

- □2-1 ペアで，1文交代で読み合いましょう。
- □2-2 グループで，1文交代で読み合いましょう。
- □2-3 1分間で，ペアと何回読めるかやってみましょう。
- □2-4 ペアで同時に読み始め，早く読めたら消しゴムをとりましょう。
- □2-5 じゃんけんで，負けた人が全文を読みましょう。

# 5 | アクセントをつけて正しく発音する

## 身に付けさせたい「知識＆技能」のポイント

　日本語には，「橋（はし）」と「箸（はし）」，「飴（あめ）」と「雨（あめ）」のように，音を**高低**で表現する。一方，英語は，**強弱**のアクセントで，表現する。アクセントのあるところは，強く言わなくてはいけない。単語にはアクセントがあることを理解させ，意識して言わせるようにする。

## 指導の流れと評価例（3分）

| ねらい | ○教師の指導／支援　●生徒の活動 | 留意点 |
|---|---|---|
| アクセントについて理解させ，アクセントをつけて読めるようにする。<br><br>（3分） | ○アクセントの位置と発音の仕方を教える。<br>・棒読みの生徒を見たら次のように指導する。<br>T：今，ブラジルと，どっちかというと，平坦に言っていたけど，英語には，アクセントがあり，強く読むところがあります。基本的に，**アクセントは，「aiueo」の上にあります**。Brazil.（板書する）　aとiがありますね。すると，どちらか1つを強く読まなくてはいけません。<br>　ブラジル。それとも，ブラジ〜ル。どっち？<br>Ss：ブラジ〜ル。 | ・指導は短く端的に行う。<br>・たいていは，「アクセントは aiueo の上にあります」で通用する。<br>・他の国名でも，応用がきくか試す。 |

〔評価例〕・列指名で，単語を1つずつ言わせる。

## 評価

| 評価規準 | アクセントを理解し，アクセントをつけて単語が読んでいる。 | | |
|---|---|---|---|
| 評価基準 | 十分満足できる（a） | 概ね満足できる（b） | 努力を要する（c） |
| | アクセントを理解し，**十分**に正確に言えている。 | アクセントを理解し，**概ね**正確に言えている。 | アクセント位置を理解せず，強く読めていない。 |

ワークシート 5

### アクセントは, a i u e o の上にあるよ!

Class (　　) Number (　　) Name (　　　　　　　)

> 日本語は,「ブ・ラ・ジ・ル」と平坦に言います。
> しかし英語は,「ブラジ〜ル」と, どこかを強めて言
> います。強く言うところを, アクセントと言います。
> アクセントは, aiueo の上にあります。
> そのどこか1か所を, 強く読みます。

○例にならって, aiueo に下線を引きましょう。下線部のどこか1か所に, アクセントマーク（´）をつけましょう。

例）Bra<u>zí</u>l

国名

① America　② Australia　③ Canada　④ Japan

⑤ India　　⑥ Korea　　⑦ Mongolia　⑧ Singapore

＊aiueo が重なったら1か所とみなします。

例）⑤ In<u>dia</u>

月名

① January　　② February　　③ March　　④ April

⑤ May　　　　⑥ June　　　　⑦ July　　　⑧ August

⑨ September　⑩ October　　⑪ November　⑫ December

＊語尾の y は,［i］と発音するので, そこにも線を引きましょう。

# 6 | イントネーションを理解し，適切に音読する

## 身に付けさせたい「知識＆技能」のポイント

　イントネーションには，上昇調のイントネーションと下降調のイントネーション，また，上昇調と下降調の両方を用いたイントネーションがある。1年の最初の方で，上昇調なのか下降調なのかを指導し，その後は，時々，確認していくとよい。授業では，まず聞かせるところからスタートする。

## 指導の流れと評価例（2分）

| ねらい | ○教師の指導／支援　●生徒の活動 | 留意点 |
|---|---|---|
| イントネーションについて理解し，音読することができる。<br><br>（2分） | ○聞かせる。<br>T：Listen to the story.（本文を聞かせる）<br>T：1行目。What sport team do you belong to?<br>　最後は上げる？　下げる？<br>Ss：下げる。<br>T：そう。↘と書きましょう。2行目は？ | ・基本的なイントネーションについては，そんなに難しくないので，基本パターンを教える。 |
| | ○繰り返させる。<br>T：イントネーションに気をつけて，音読しましょう。 | |

〔評価例〕・タブレットに発音を録音して提出させる。
　　　　　・音読のパフォーマンステストを行う。

## 評価

| 評価規準 | イントネーションを理解し，適切に音読している。 | | |
|---|---|---|---|
| 評価基準 | 十分満足できる（a） | 概ね満足できる（b） | 努力を要する（c） |
| | **十分に**適切なイントネーションで音読している。 | **概ね**適切なイントネーションで音読している。 | イントネーションが適切でない。 |

ワークシート 6

## イントネーションを意識して，音読しよう

Class （　　） Number （　　） Name （　　　　　　　　　）

基本的なイントネーション

1　平叙文（肯定文・否定文）は，下げる。

　　例）I play tennis. ↘　I don't play soccer. ↘

　　＊平叙文（肯定文・否定文）でも，質問しているときは，上げる。

　　　例）You see a bird over there? ↗（向こうに鳥が見えますか？）

2　疑問文は，上げる。

　　例）Do you like *sushi*? ↗　You like *sushi*? ↗

　　　　Pardon? ↗　Sorry? ↗　You too? ↗

3　Wh や how で始まる疑問文は，下げる。

　　例）What time is it? ↘　How are you? ↘

　　＊ Wh や how の疑問文を含めて，相手の発言を確認するときは，上げる。

　　　例）What did you say? ↗（なんて言ったの？）

　　　　　Where did you go? ↗（どこに行ったんでしたっけ？）

　　　　　You play tennis, ↘ right? ↗（テニスは好きでしたよね）

4　A or B? の疑問文では，上げて，下げる。

　　例）Is this your pen ↗ or my pen? ↘

　　例）Which do you want, ↘ apple ↗ or orange? ↘

5　呼びかけは，上げる。

　　例）What did you do last night, ↘ Ken? ↗

# 7 2文字綴りを見て，発音する

## 身に付けさせたい「知識＆技能」のポイント

英語には，文字を２つまたは３つつなげて１つの「音」を発声することがある。例えば，oo/u/ や oo/u:/，また，ir と ur と er は，/ə:(r)/ という音のように，１つの文字ではなく，複数合わさって１つの音を発する。新出単語が出てきたときに，時々，綴りと音の関連性に触れ，身に付けさせていく。

## 指導の流れと評価例（3分）

| ねらい | ○教師の指導／支援　●生徒の活動 | 留意点 |
|---|---|---|
| ２文字子音や母音の音を理解し，言えるようにする。 | ○新出単語の発音練習の際，音を確認する。<br>T：( good の単語を見せて）ここはどんな音？<br>（g を指さす）　　　　　　　　Ss：グ<br>T：(oo を指さす)　　　　　　　Ss：オ<br>T：oo で１つの音なんだね。　　Ss：？<br>T：発音は，グッドだね。グ…？　Ss：ウ<br>T：そう！　oo は，/u/ という音になります。<br>言ってみましょう。/g/　/u/　/d/<br>Ss：/g/　/u/　/d/ | ・ある程度，英単語を学習していたら「oo で，/u/ と発音する単語はどんなのがある？」と，生徒から出させてもよい。 |
| （3分） | ○他の単語の例を示す。<br>例）look, book, cook, took, foot 等 | |

〔評価例〕・２文字綴りに線を引き，そこの音を問う。

## 評価

| 評価規準 | ２文字綴りの音を理解し，発音している。 | | |
|---|---|---|---|
| 評価基準 | 十分満足できる（a） | 概ね満足できる（b） | 努力を要する（c） |
| | ２文字綴りの音を**十分に理解し**，正確に言えている。 | ２文字綴りの音を**概ね理解しており**，言えている。 | 理解が不十分である。 |

ワークシート 7

## 英語の発音が言えるようになろう

Class （　　） Number （　　） Name （　　　　　　　　）

〇「h」がつく「2文字子音」

| 文字 | ch | sh | wh | ph | gh | th |
|---|---|---|---|---|---|---|
| 発音記号 | /tʃ/ | /ʃ/ | /hw/ | /f/ | | /θ/・/ð/ |
| 単語 | chess | sheep | whale | photo | laugh | think・that |

〇/ə：(r)/ と発音する3つの2文字綴り

| 文字 | ir | ur | er |
|---|---|---|---|
| 発音記号 | /ə:(r)/ | | |
| 単語 | girl | surf | person |

〇「r」は伸ばす印

| 文字 | ar | or |
|---|---|---|
| 発音記号 | /a:/ | /ɔ:r/ |
| 単語 | park | sport |

〇「オー」と伸ばす綴り

| 文字 | aw | al |
|---|---|---|
| 発音記号 | /ɔ:/ | |
| 単語 | law | small |

〇同じ綴りで違う発音をするもの

| 文字 | oo | | ea | | ou | |
|---|---|---|---|---|---|---|
| 発音記号 | /u/ | /u:/ | /i:/ | /e/ | /au/ | /u:/ |
| 単語 | book | school | sea | head | out | soup |

〇その他

| 文字 | oa | ow | oi | oy | ie | ai |
|---|---|---|---|---|---|---|
| 発音記号 | /ou/ | | /oi/ | | /ai/ | /ei/ |
| 単語 | boat | low | soil | boy | pie | train |

# Chapter 3

# 「語彙」の教え方ガイド&ワーク

# 1 | 音素を声に出しながら，単語を書く

## 身に付けさせたい「知識＆技能」のポイント

Chapter 2 の「音声」の項目（p.26）の方法で，単語内の音素を取り出した後，その音を発しながら，単語練習させる。単語は意味のない記号の羅列なので，記号に音を載せ，意味を持たせるようにする。発音しながら，単語を書かせていくことを続けていくとだんだんと文字の音も理解してくる。

## 指導の流れと評価例（10分）

| ねらい | ○教師の指導／支援　●生徒の活動 | 留意点 |
|---|---|---|
| 音素を声に出しながら，単語を書く練習をする。 | ○声に出しながら綴りを練習する。<br>T：音を言っていきましょう（と言って drink の d から順番に指さす）。<br>Ss：/d/ /r/ /i/ /n/ /k/<br>T：Good. 指出して。声に出しながら練習しましょう。/d/ /r/ /i/ /n/ /k/<br>Ss：（声を出しながら，空書きをする）<br>T：はい。ノートに書いてごらん。<br>Ss：（ノートに書く）<br>T：書けたら，1行分，声に出しながら書いてみましょう。 | ・各単元（Unit）で，ぜひ覚えさせたい単語を絞り，1日に5単語ずつ，1年の1学期間に練習させる。<br>・単語練習の仕方がわかったら，その後は，家庭学習に移行することも考える。 |
| （10分） | | |

〔評価例〕・練習した単語を教師が読み上げ，綴れるかどうか確認する。

## 評価

| 評価規準 | 単語を正確に綴る技能を身に付けている。 | | |
|---|---|---|---|
| 評価基準 | 十分満足できる（a） | 概ね満足できる（b） | 努力を要する（c） |
| | **8割以上**，単語を正確に綴る技能を身に付けている。 | **6～8割程度**，単語を正確に綴る技能を身に付けている。 | 単語の綴りを覚えていない。 |

ワークシート1

## 単語の音を声に出して，書く練習をしよう！

Class（　　）Number（　　）Name（　　　　　　　）

> 単語の文字には，「音」があります。
> その文字のもつ「音」を知ることが大事です。
> 「音」を言いながら，単語を書く練習すると，
> だんだんと早く単語を覚えることが
> できるようになってきます！（必ず！）

Step 1　単語を声に出して読もう。　例）wash

Step 2　文字のもつ音を確認しよう。　例）w-a-sh
　　　　　　　　　　　　　　　　　　　　ウ ア シュ

Step 3　声に出しながら，覚えるまで，指で練習しましょう。

　wash
　　　　　　　　　　　　　　　wash
　　　　　　　　　　　　　　　wash

Step 4　声に出しながら，ノートに３〜４回書いてみましょう。

＊他の単語も練習したら，もう一度，今日練習した単語を覚えているか，書い
　て確かめてみましょう。

# 2 | 単語の綴りを覚えて書く（小テスト）

　単語力とは，究極は「記憶」である。どんなに嫌がっても「記憶」でしかない。「記憶」には，「宣言的記憶」と「手続き的記憶」があり，後者は，経験を繰り返すことで感覚的・反射的に行える「記憶」である。前項の「声に出しながらの単語練習」は，音と文字を反射的につなげることがねらいであり，「手続き的記憶」になる。音と文字を結び付ける繰り返し学習は，「手続き的記憶」へと成長していくが，実は，「単語の綴りを覚える」ということ自体は，「宣言的記憶」となる。そこで「宣言的記憶」をより強固にするために，小テスト等で理解や定着を確認していきたい。

## 指導の流れと評価例（7分）

| ねらい | ○教師の指導／支援　●生徒の活動 | 留意点 |
|---|---|---|
| 音を聞き単語が書けるかどうかを確認する。<br><br><br><br>（7分） | ○小テストを行う。<br>T：No.1 wash … wash ….<br>Ss：（小テスト用紙に書く）<br>○答え合わせをする。<br>T：OK. Take out your red pen.<br>　　Let's check the answers.<br>　　No.1 wash ….（黒板に書く）<br>Ss：（自分で○付けをする） | ・教師が単語を読み上げ，**音を聞いて単語が書けるかどうか**を評価する。 |

〔評価例〕・テストでは，8割以上の正解を合格ラインとする。

## 評価

| 評価規準 | 単語を正確に綴る技能を身に付けている。 | | |
|---|---|---|---|
| 評価基準 | 十分満足できる（a） | 概ね満足できる（b） | 努力を要する（c） |
| | **8割以上**，正確に単語が書ける。 | **6〜8割程度**，正確に単語が書ける。 | 単語を書くのに不十分である。 |

ワークシート 2

## 英単語小テスト用紙

Class （　）　Number （　）　Name （　　　　　　　　）

| 回数（実施日） | No.1 | No.2 | No.3 | No.4 | No.5 | 点数 |
|---|---|---|---|---|---|---|
| 第1回<br>（　　） | | | | | | 点 |
| 第2回<br>（　　） | | | | | | 点 |
| 第3回<br>（　　） | | | | | | 点 |
| 第4回<br>（　　） | | | | | | 点 |
| 第5回<br>（　　） | | | | | | 点 |

合計 （　　　　点）

【感想】

# 3 単語の綴りを覚えて書く（25問テスト）

## 身に付けさせたい「知識＆技能」のポイント

　単語を覚える過程において，文字と音の理解は，「手続き的記憶」になるが，単語の綴りを覚えることは，「宣言的記憶」となる。「宣言的記憶」は，「意味記憶」と「エピソード記憶」に分けられ，単語の綴りを覚えることは，「意味記憶」になる。いわゆる「暗記」である。「暗記」には賞味期限があり，使わないと忘れる。そこで，単語も忘れそうな時期に，再度，繰り返してあげるとよい。その時期とタイミングを教師が生徒に与えてあげるのも，教育である。25問テストを行い，「宣言的記憶」を確かにする。

## 指導の流れと評価例（5分）

| ねらい | ○教師の指導／支援　●生徒の活動 | 留意点 |
|---|---|---|
| 既習単語を復習し，綴りを覚えているかどうか確認する。<br><br>（5分） | ○25問テストのコースを選ばせる。<br>Ｔ：4つのコースから自分にあったコースを選びます。5問コースは1〜5の単語，10問コースは1〜10，20問コースは1〜20，25問コースは全部です。どのコースを選んでも100満点です。<br>●25問テストを行う。<br>○答え合わせをする。<br>・各自で採点する。 | ・小テスト（p.40参照）の順番で25問テストを作成しておく。<br>・小テスト用紙（p.41）を見れば，各自で採点することができる。 |

〔評価例〕・25問テストで，9割正解を目指させ，評価する。

## 評価

| 評価規準 | 単語を正確に綴る技能を身に付けている。 | | |
|---|---|---|---|
| 評価基準 | 十分満足できる（a） | 概ね満足できる（b） | 努力を要する（c） |
| | **9割以上**の単語が正確に書ける。 | **6〜9割程度**の単語が正確に書ける。 | 単語を書くのに不十分である。 |

ワークシート 3 （例）

## 英単語25問テスト

Class（　　）　Number（　　）　Name（　　　　）

【第1回】（　　　　点／100点）
□5問コース（20点×5＝100点）
□10問コース（10点×10＝100点）
□20問コース（5点×20＝100点）
□25問コース（4点×25＝100点）

【第2回】（　　　　点／100点）
□5問コース（20点×5＝100点）
□10問コース（10点×10＝100点）
□20問コース（5点×20＝100点）
□25問コース（4点×25＝100点）

【第3回】（　　　　点／100点）
□5問コース（20点×5＝100点）
□10問コース（10点×10＝100点）
□20問コース（5点×20＝100点）
□25問コース（4点×25＝100点）

【第4回】（　　　　点／100点）
□5問コース（20点×5＝100点）
□10問コース（10点×10＝100点）
□20問コース（5点×20＝100点）
□25問コース（4点×25＝100点）

| | 第1回 | 第2回 | 第3回 | 第4回 |
|---|---|---|---|---|
| 1 こんにちは | | | | |
| 2 とても | | | | |
| 3 幸せ | | | | |
| 4 ～について | | | | |
| 5 緊張して | | | | |
| 6 ～でない | | | | |
| 7 ～も | | | | |
| 8 しばしば | | | | |
| 9 走る | | | | |
| 10 速く | | | | |
| 11 兄 | | | | |
| 12 妹 | | | | |
| 13 しかし | | | | |
| 14 父 | | | | |
| 15 母 | | | | |
| 16 読む | | | | |
| 17 年をとった | | | | |
| 18 日曜日 | | | | |
| 19 本 | | | | |
| 20 練習する | | | | |
| 21 興味がある | | | | |
| 22 本当に | | | | |
| 23 素晴らしい | | | | |
| 24 上手に | | | | |
| 25 冬 | | | | |

【感想】

# 4 単語の綴りを覚えて書く（100題テスト）

## 身に付けさせたい「知識＆技能」のポイント

　脳科学者の池谷裕二氏は，著書『高校生の勉強法』（東進ブックス／ナガセ）で，長期記憶を司る海馬に重要な情報を送るために，4回の復習を提案している。たまたま私の考える英単語も4回の繰り返しを行う。25問テストが4単元分終わると単語が100個になる。そこで100題テストを行う。ちょうどその時期が夏休みになるので，100題テストは夏休みの1つの宿題となる。100題テストはテスト問題（表面），解答（裏面）が載せてある紙を配付する。休み明けの最初の授業で100題テストを行う。

　・1回目：単語を学習した日（当日）
　・2回目：次の授業での小テスト（翌日以降）
　・3回目：25問テスト（約2週間後）
　・4回目：100題テスト（2〜4か月後）

## 指導の流れと評価例（30分）

| ねらい | ○教師の指導／支援　●生徒の活動 | 留意点 |
|---|---|---|
| 単語を正確に綴る技能を定着させる。（30分） | ○テスト用紙を配付する。<br>・約20分でテストをする。<br>○答え合わせをする。<br>・隣の人と紙を交換し，○付けをする。<br>・終わったら感想を書く。 | ・テスト前に必要に応じ，テスト勉強時間を設けてもよい。 |
| 〔評価例〕・100題テストで9割正解を目指させ，評価する。 | | |

## 評価

| 評価規準 | 単語を正確に綴る技能を身に付けている。 | | |
|---|---|---|---|
| 評価基準 | 十分満足できる（a） | 概ね満足できる（b） | 努力を要する（c） |
| | **9割以上の単語が正**確に書ける。 | **6〜9割程度**の単語が正確に書ける。 | 単語を書くのに不十分である。 |

## ワークシート 4 （例）

### 英単語100題テスト

Class （　　）Number（　　）

Name（　　　　　）

／点

| | | | |
|---|---|---|---|
| 1 こんにちは _____ | 26 生徒 _____ | 51 踊る _____ | 76 背が高い _____ |
| 2 とても _____ | 27 自由な _____ | 52 だから _____ | 77 男の人・人 _____ |
| 3 幸せ _____ | 28 参加する _____ | 53 写真 _____ | 78 女の人 _____ |
| 4 ～について _____ | 29 月曜日 _____ | 54 定規 _____ | 79 家族 _____ |
| 5 緊張して _____ | 30 明日 _____ | 55 教科 _____ | 80 歩く _____ |
| 6 ～でない _____ | 31 その時 _____ | 56 数学 _____ | 81 泳ぐ _____ |
| 7 ～も _____ | 32 ～でない _____ | 57 理科 _____ | 82 行く _____ |
| 8 しばしば _____ | 33 よい _____ | 58 週 _____ | 83 女の子 _____ |
| 9 走る _____ | 34 大きい _____ | 59 一度 _____ | 84 男の子 _____ |
| 10 速く _____ | 35 飲む _____ | 60 たいていは _____ | 85 祖母 _____ |
| 11 兄 _____ | 36 掃除する _____ | 61 いつも _____ | 86 祖父 _____ |
| 12 妹 _____ | 37 週末 _____ | 62 時々 _____ | 87 有名な _____ |
| 13 しかし _____ | 38 見る _____ | 63 買う _____ | 88 おいしい _____ |
| 14 父 _____ | 39 楽しむ _____ | 64 夕食 _____ | 89 赤ちゃん _____ |
| 15 母 _____ | 40 茶色 _____ | 65 朝食 _____ | 90 小さい _____ |
| 16 読む _____ | 41 赤 _____ | 66 昼食 _____ | 91 丸い _____ |
| 17 年をとった _____ | 42 青 _____ | 67 そこに _____ | 92 黒 _____ |
| 18 日曜日 _____ | 43 白 _____ | 68 来る _____ | 93 耳 _____ |
| 19 本 _____ | 44 鳥 _____ | 69 滞在する _____ | 94 鼻 _____ |
| 20 練習する _____ | 45 食べる _____ | 70 活発な _____ | 95 今 _____ |
| 21 興味がある _____ | 46 紅茶 _____ | 71 親切な _____ | 96 ～と一緒に _____ |
| 22 本当に _____ | 47 洗う _____ | 72 大学 _____ | 97 スープ _____ |
| 23 素晴らしい _____ | 48 皿 _____ | 73 彼は _____ | 98 消しゴム _____ |
| 24 上手に _____ | 49 歌う _____ | 74 彼女は _____ | 99 いつか _____ |
| 25 冬 _____ | 50 新聞 _____ | 75 それは _____ | 100 ある日 _____ |

【感想】

# 5 | 覚えた単語を活用する（語彙作文）

## 身に付けさせたい「知識＆技能」のポイント

　英語のできる日本人のインタビューを聞くと，習った単語で，自分で文を作ることをしている。いわゆる単語を用いて自分で文を作り，単語の使い方を学んでいるのである。学習指導要領でも，知識及び技能の目標の中に，「実際のコミュニケーションにおいて活用できる技能を身に付けるようにする」と書かれている。1年の後半以降になると，生徒の文法力や表現力が豊かになり始めるので，語彙作文で語彙や文法の活用力を育てる。

## 指導の流れと評価例（7分）

| ねらい | ○教師の指導／支援　●生徒の活動 | 留意点 |
|---|---|---|
| 学習した語彙を用いて文を作り，語彙の活用法について学ぶ。 | ●語彙作文をする。<br>・ワークシート（またはノート）に学習した単語を用いて，自分で文を作らせる。<br>T：今日，習った単語で文を作ってみよう。<br>・黒板にいくつか単語を書く。<br>例）run　　be interested in　　winter ....<br>Ss：(Ken runs fast. I like winter. I am interested in music. など作る) | ・作った英文は，みんなで共有できるようにタブレット入力してもよい。<br>・できるだけ真正な文を作らせるとよい。 |
| （7分） | ●友達と共有する。<br>・書いた英文をペアやクラス内で共有する。 | |

〔評価例〕・記述により，語彙の適切な使用を確認する。

## 評価

| 評価規準 | 語彙を適切に用いる技能を身に付けている。 | | |
|---|---|---|---|
| 評価基準 | 十分満足できる（a） | 概ね満足できる（b） | 努力を要する（c） |
| | 十分適切に使用できている。 | 概ね適切に使用できている。 | 語彙の使い方の理解が不十分である。 |

ワークシート 5

## 今日習った単語や連語で，語彙作文しよう

Class (　　) Number (　　) Name (　　　　　　　　)

○今日習った単語や連語を書いてみよう。

○自分で文を作ってみよう。

Chapter 4

# 「文法」の教え方ガイド＆ワーク

# 1 〔小学校の復習〕
# I'm .... I'm not ....

## 身に付けさせたい「知識＆技能」のポイント

　生徒は小学校で，I'm という表現に慣れ親しんでいる。しかし，I'm が，I am の省略であることや，am という be 動詞にイコール（＝）の意味があるということは学習してきていない。そこで，中学校では，①**文構造や意味の理解**，そして，②**4線上に書くアポストロフィーの位置**を確認したい。

## 指導の流れと評価例（20分）

| ねらい | ○教師の指導／支援　●生徒の活動 | 留意点 |
|---|---|---|
| 目標文を聞く。(3分) | ○目標文を用いた対話を行う。<br>T：Hi, how are you?　　S1：I'm good. | ・小学校で既習なので，口頭でのやり取りで，I'm を使って導入する。 |
| 目標文の理解を図る。 | ○文構造の理解を図る。<br>T：今，みんなとのやり取りの中で，こんな英語が出てきたのに気付いた？<br>板書 I'm good.　I'm not sleepy.<br>　　（私は〜です）　（私は〜でない）<br>●ワークシートを行う。<br>T：今日は，I'm や I'm not を使って，みんなの人柄を紹介し合いましょう。 | ・簡単に文構造について確認する。<br><br>・自分の考えや気持ちを伝え合わせる。 |
| (17分) | ・終わったらポイントを押さえ，Step 2 を行う。 | |

〔評価例〕・ワークシートの Step 3 で，目標文の正確な活用を確認する。

## 評価

| 評価規準 | I'm の文構造を理解し，表現する技能を身に付けている。 | | |
|---|---|---|---|
| 評価基準 | 十分満足できる（a） | 概ね満足できる（b） | 努力を要する（c） |
| | I'm の文構造を**十分**に理解し，正確に表現できている。 | I'm の文構造を**概ね**理解し，表現できている。 | I'm の文構造の理解が不十分である。 |

ワークシート1

## 私は～です。(I'm .... / I am .... )
### 私は～ではありません。(I'm not .... / I am not .... )
Class ( ) Number ( ) Name ( )

Step 1 あなたの人柄を紹介しましょう。

| ① | 元気がある | active | ⑥ | 親切な | kind |
|---|---|---|---|---|---|
| ② | もの静か | quiet | ⑦ | 頑張り屋 | diligent |
| ③ | 前向きな | positive | ⑧ | 慎重な | prudent |
| ④ | 真面目な | honest | ⑨ | うるさい | noisy |
| ⑤ | おしゃべり | talkative | ⑩ | 勇気がある | brave |

＊そうじゃない場合は，I'm not .... の方を使うよ。

ポイント

①I'm は，I am を短縮させた形で，「私は～です」という意味です。

②am には，イコール（＝）の意味があり，I am Maki. は，「私＝マキ」となります。

③短縮形の I'm のアポストロフィー（'）は，4線の一番上になります。

I'm positive.

Step 2 日本語に合うようにするには，（ ）にどんな語を入れたらいいかな？ （ ）に適切な語を書きましょう。

①私は，13歳です。（私＝13歳） I ( ) 13 years old.

②私は，背が高いです。（私＝背が高い） ( ) tall.

③私は，泳ぐのが得意でない。（私＝水泳は得意でない）

( ) ( ) good at swimming.

Step 3 自分のことを伝える文を，できるだけたくさんノートに書いてみましょう。

# 2 〔小学校の復習〕
## I like .... I don't like ....

### 身に付けさせたい「知識＆技能」のポイント

　I like .... という表現は，小学校において，生徒は十分慣れ親しんできており，定着していると言えるが，学習が進むにつれ，I am study .... のように，be 動詞と一般動詞を混同する誤りが見られるようになる。①**英語は主語＋動詞で始まり**，②**動詞は１つのみである**ことを押さえておきたい。

### 指導の流れと評価例（20分）

| ねらい | ○教師の指導／支援　●生徒の活動 | 留意点 |
|---|---|---|
| 目標文を聞く。<br><br><br><br>（3分） | ○目標文を用いた対話を行う。<br>・朝食の写真を見せながら，生徒と対話する。<br>T：Look at my breakfast. This is *natto*.<br>　I eat *natto* every day. I like *natto*.<br>　Do you like *natto*? I don't eat bread. | ・身近な話題を用い，一般動詞を使って対話を行う。<br>・**文の中は動詞は１つということ**を理解させ，be 動詞と原形の一般動詞を同時に使うことはないことを伝える。 |
| 目標文の理解を図る。<br><br><br>（17分） | ○文構造の理解を図る。<br>・前回の学習を想起させ，比較する。<br>板書　I am sleepy.　　　I like *natto*.<br>　　　（私＝眠い）　　　（私≠納豆）<br>●ワークシートを行う。 | |

〔評価例〕・ワークシートの Step 3 で，目標文の正確な活用を確認する。

### 評価

| 評価規準 | be 動詞と一般動詞の違いを理解し，正確に表現している。 | | |
|---|---|---|---|
| 評価基準 | 十分満足できる（a） | 概ね満足できる（b） | 努力を要する（c） |
| | be 動詞と一般動詞の違いを**十分**に理解し，表現している。 | be 動詞と一般動詞の違いを**概ね**理解し，正確に表現している。 | be 動詞と一般動詞の違いが理解できていない。 |

ワークシート②

私は〜が好きです（I like ....）

私は〜が好きではありません。（I don't like ....）

Class（　　）Number（　　　）Name（　　　　　　　　）

Step 1　友達はどんなことやものが好きなのかな？

　　　　好きなものや好きでないものを伝え合ってみましょう。

例）A: I like *natto* and *tofu*. How about you?

　　B: I like *tofu*, too. I don't like *natto* very much.

　　A: Oh, you don't like *natto*. It is very heathy. I like it.

|  |  | 自　分 | ペア（　　　　） | ペア（　　　　） |
|---|---|---|---|---|
| ① | food（食べ物） |  |  |  |
| ② | fruit（果物） |  |  |  |
| ③ | sport（スポーツ） |  |  |  |
| ④ | subject（教科） |  |  |  |
| ⑤ | season（季節） |  |  |  |

ポイント

①英語はいつも「主語＋動詞」で始まります。

②文の中に，動詞は1つです。

③be 動詞と一般動詞は，一緒には使いません。　例）× I am eat *natto*.

Step 2　次の（　　　）には，〔　　　〕のどっちの語が入るかな？

①I（　　　　　　　　）tennis every day.　〔 am / play 〕

②I（　　　　　　　　）sleepy today.　〔 am / like 〕

③I（　　　　　　　　）English hard.　〔 am / study 〕

④I（　　　　　　　　）like swimming.　〔 am not / don't 〕

考えてみよう　答えを選ぶのに，どこを見て，答えを判断しましたか？

Step 3　自分のことを伝える文をノートにできるだけ多く書きましょう。

# 3 〔小学校の復習〕
# I can .... I can't ....

## 身に付けさせたい「知識＆技能」のポイント

I can .... は，I like .... と比べると，使用頻度も少なく，十分に定着しているとは言えないだろう。押さえるべきポイントは，①「can＋動詞」の語順と，②「〜することができる」という意味を再確認することである。この段階では，3人称単数現在は習っていないので，動詞の原形の説明は不要である。

## 指導の流れと評価例（20分）

| ねらい | ○教師の指導／支援　●生徒の活動 | 留意点 |
|---|---|---|
| 目標文を聞かせる。<br><br><br><br><br>（3分） | ○目標文を使って対話する。<br>・教師ができることとできないことを言う。<br>T：This is my driver's license. I can drive a car. This is a unicycle. I can't ride it. Can you ride a unicycle? | ・イラストや写真を用い，できることとできないことを生徒と共有する。<br>例） |
| 目標文の理解を図る。<br><br><br><br><br><br><br><br>（17分） | ○文構造の理解を図る。<br>・前回の学習を想起させ，比較する。<br><br>板書　I　　　play tennis.<br>　　　I can　play tennis.<br>　　　I can't play tennis.<br>　　　cannot（＝〜できない）<br><br>●ワークシートを行う。 | sing songs<br>play *shogi*<br>draw pictures<br>cook curry<br>run fast |

〔評価例〕・ワークシートの Step 3 で，目標文の正確な活用を確認する。

## 評価

| 評価規準 | 「can＋動詞」の語順を理解し，表現する技能を身に付けている。 | | |
|---|---|---|---|
| 評価基準 | 十分満足できる（a） | 概ね満足できる（b） | 努力を要する（c） |
| | 正しい語順で表現している。 | 概ね正しい語順で表現している。 | 理解が不十分である。 |

ワークシート 3

## 私は〜することができる／できない
### (I can …. / I can't ….)

Class (　　) Number (　　) Name (　　　　　　　　)

Step 1 できることとできないことを友達と伝え合ってみましょう。

例) A：I can run fast. What can you do?

B：I can swim well. I go to swimming school on Saturdays.

A：Good! I cannot swim well.

| 名前 | 自分 | 友達<br>(　　　　) | 友達<br>(　　　　) | 友達<br>(　　　　) |
|---|---|---|---|---|
| できること | | | | |
| できないこと | | | | |

Word Bank

① ride a unicycle（一輪車に乗る）　② play *shogi*（将棋をする）

③ sing songs well（歌を上手に歌う）　④ cook ….（〜を料理する）

⑤ make *origami*（折り紙を折る）　⑥ make people laugh（人を笑わせる）など

ポイント

①「can＋動詞」で，「〜することができる」という意味になります。

②「can」は動詞の意味を助けることから，「助動詞」といいます。

③否定文（〜することができない）は，「can't または cannot ＋動詞」を使います。

Step 2 〔　　〕内の語や語句を並べ替えて，意味の通る文にしましょう。

① 〔 can / basketball / I / play 〕

＿＿＿＿＿＿＿＿＿＿＿＿＿＿＿＿＿＿＿＿＿＿＿＿＿＿＿＿.

② 〔 speak / I / English / well / can't 〕

＿＿＿＿＿＿＿＿＿＿＿＿＿＿＿＿＿＿＿＿＿＿＿＿＿＿＿＿.

Step 3 あなたのできることと，できないことをノートに書きましょう。

# 4 〔小学校の復習〕
# Are you ...?
# Yes, I am. No, I'm not.

## 身に付けさせたい「知識＆技能」のポイント

　小学校では，Are you ...？の質問に答えることはあっても，自ら質問する機会はほとんどなく，活用レベルには至っていないと想定する。そこで，疑問文の文構造の仕組みを理解させる。①be 動詞を前に持ってくれば疑問文になること，②答え方，③上昇イントネーション，この３つを押さえる。

## 指導の流れと評価例（20分）

| ねらい | ○教師の指導／支援　●生徒の活動 | 留意点 |
|---|---|---|
| 目標文を聞く。<br><br><br><br><br>（3分） | ○目標文を使って対話する。<br>T：今日は質問されたら同じ質問を相手にもすることをしましょう。How are you?<br>S1：I'm good. How are you?<br>T：I'm good too. Are you hungry?<br>S2：No. Are you hungry? | ・コミュニケーションスキルとして，「相手の尋ねたことと同じことを尋ね返そう」を取り入れる。 |
| 目標文の理解を図る。<br><br><br><br><br><br>（17分） | ○文構造の理解を図る。<br>・肯定文を示し，疑問文の作り方を確認する。<br><br>　板書　　You are happy.<br>　　　　Are you happy?↗<br>　　　　Yes, I am. No, I'm not.<br><br>●ワークシートを行う。 | ・授業は何事もシンプルがよい。be 動詞の疑問文は，be 動詞を前に持ってくるだけと教える。 |

〔評価例〕・ワークシートの Step 3 で，目標文の正確な活用を確認する。

## 評価

| 評価規準 | 疑問文の文構造を理解し，表現する技能を身に付けている。 | | |
|---|---|---|---|
| 評価基準 | 十分満足できる（a） | 概ね満足できる（b） | 努力を要する（c） |
| | 正しい語順で表現している。 | 概ね正しい語順で表現している。 | 理解が不十分である。 |

ワークシート 4

### あなたは〜ですか？（Are you ...?）
はい，そうです。（Yes, I am.） いいえ，ちがいます。（No, I'm not.）
Class（　　）Number（　　）Name（　　　　　　　）

Step 1　友達の人柄や，得意なことなどを尋ねましょう。

① Are you <u>positive</u>?（人柄などを尋ねる）

② Are you a fan of <u>baseball</u>?（なんのファンであるか尋ねる）

③ Are you good at <u>sport</u>?（得意な分野を尋ねる）

対話例）A：Are you good at singing?

　　　　B：Yes, I am. Are you good at singing?　←同じ質問をする

　　　　A：No, I'm not. I don't like singing.

|  | 友達（　　　　） | 友達（　　　　） | 友達（　　　　） |
|---|---|---|---|
| わかったこと |  |  |  |

ポイント

① be 動詞（are）を前に持ってくると，疑問文になります。

②イントネーションは，最後は上げて言います。　例）Are you happy?↗

③答えるときは，Yes, I am. No, I'm not.（No, I am not.）で答えます。

Step 2　次の対話文の①②に入る英文を考えて書きましょう。

Hiro：①（　　　　　　　　　　　　　　　　　　　　　　　）?

Lucy：Yes, I am. I like basketball. I'm good at basketball.

　　　②（　　　　　　　　　　　　　　　　　　　　　　　）?

Hiro：No, I am not. But I want to play basketball.

Step 3　先生が，Yes, I am. と答えそうな質問をノートに3つ書きましょう。

# 5 〔小学校の復習〕
# Do you ...?
# Yes, I do. No, I don't.

## 身に付けさせたい「知識＆技能」のポイント

Do you like ...? の文については，生徒はよく用い，かなり定着していると考えられる。しかし，like は使っても，他の一般動詞はあまり使われない。そこで，様々な一般動詞を用い，汎用性を養いたい。押さえるべきポイントは，①be 動詞のない文の疑問文は Do で始めること，②その答え方である。

## 指導の流れと評価例（20分）

| ねらい | ○教師の指導／支援　●生徒の活動 | 留意点 |
|---|---|---|
| 目標文を聞く。（3分） | ○目標文を使って対話する。<br>T：Look. This is *natto*. I like it very much. I often eat it at breakfast.<br>Do you eat *natto*?<br>S1：Yes. I sometimes eat it. | ・コミュニケーションスキルとして，「答えたら文を付け足し，詳しく伝えるようにすること」を取り入れる。 |
| 目標文の理解を図る。（17分） | ○文構造の理解を図る。<br>・肯定文を示し，疑問文の作り方を確認する。<br>板書　You eat *natto*.<br>Do you eat *natto*?♪<br>Yes, I do. No, I don't.<br>●ワークシートを行う。 | ・be 動詞のない疑問文は，Do で始めることを指導する。 |

〔評価例〕・ワークシートの Step 3 で，目標文の正確な活用を確認する。

## 評価

| 評価規準 | 疑問文の文構造を理解し，表現する技能を身に付けている。 | | |
|---|---|---|---|
| 評価基準 | 十分満足できる（a） | 概ね満足できる（b） | 努力を要する（c） |
| | 正しい語順で表現している。 | 概ね正しい語順で表現している。 | 理解が不十分である。 |

ワークシート 5

## あなたは〜しますか？（Do you ...?）
### はい，します。（Yes, I do.）いいえ，しません。（No, I don't.）
Class（　　）Number（　　）Name（　　　　　　　　）

Step I 　次のような動詞を用いて，友達のことをよく知りましょう。

例）A：Do you like sport?

B：Yes, I do. I play basketball. ←答えたら1文足す。

Do you like sport? ←相手にも同じ質問をする。

A: No, I don't. I like music.

|  | 友達（　　　　） | 友達（　　　　） | 友達（　　　　） |
|---|---|---|---|
| ① like |  |  |  |
| ② play |  |  |  |
| ③ have |  |  |  |
| ④ eat |  |  |  |
| ⑤ drink |  |  |  |

ポイント

①be動詞（is, am, are）がない文は，Do を先頭につけると疑問文になります。

②イントネーションは，最後は上げて言います。 例）Do you eat *natto*?♪

③答えるときは，Yes, I do. No, I don't.（No, I do not.）で答えます。

Step 2 　次の対話文の①②に入る英文を考えて書きましょう。

Bob：This is a cool guitar! ①（　　　　　　　　　　　　　　　　　　）?

Mami：Yes, I do. I play it every day.

②（　　　　　　　　　　　　　　　　　　　　　　　　）?

Bob：③（　　　　　　　　　　　　　　　　　　　　　　）.

I'm not good at music.

Step 3 　先生が Yes, I do. と答えそうな質問をノートに3つ書きましょう。

# 6

〔小学校の復習〕

# Can you ...?
# Yes, I can.  No, I can't.

## 身に付けさせたい「知識＆技能」のポイント

　Can you ...? の文は，言い慣れている表現である。しかし，場面や状況に応じて，正しく使用できるかどうかはわからない。そこで，言語活動を通し，活用能力を確認しながら，次の項目を押さえる。① can を前に持ってくると疑問文になる，②答え方，③否定文では can't または cannot になる。

## 指導の流れと評価例（20分）

| ねらい | ○教師の指導／支援　●生徒の活動 | 留意点 |
|---|---|---|
| 目標文を聞く。<br><br>（3分） | ○目標文を使って対話する。<br>T：This is a *kendama*. Can you play it?<br>Ss：Yes. / No.<br>T：I can play it well. | ・can で用いられるネタ（将棋や囲碁，料理，凧上げ，ピアノ等）を用い，できることかどうか尋ねる。<br>・生徒の活動を観察し，正確に言えているかどうか確認する。 |
| 目標文の理解を図る。<br><br>（17分） | ○文構造の理解を図る。<br>・肯定文を示し，疑問文の作り方を確認する。<br>板書　　You can ski.<br>　　Can you ski?↗<br>　　Yes, I can.  No, I can't.<br>●ワークシートを行う。 | |

〔評価例〕・ワークシートの Step 3 で，目標文の正確な活用を確認する。

## 評価

| 評価規準 | 疑問文の文構造を理解し，表現する技能を身に付けている。 | | |
|---|---|---|---|
| 評価基準 | 十分満足できる（a） | 概ね満足できる（b） | 努力を要する（c） |
| | **正しい**語順で表現している。 | **概ね**正しい語順で表現している。 | 理解が不十分である。 |

ワークシート 6

## あなたは〜できますか？（Can you ...?）
### はい，できます。（Yes, I can）いいえ，できません。（No, I can't.）
Class（　　）Number（　　）Name（　　　　　　　　）

Step 1　友達と動物当てクイズをしましょう。

Can you swim?　　Can you run fast?　　Can you fly?

Can you climb a tree?　　Can you jump?

Are you big?　　Are you grey?　　Do you live in Africa?

| ゾウ (elephant) | キリン (giraffe) | イルカ (dolphin) | ペンギン (penguin) |
|---|---|---|---|
| カンガルー (kangaroo) | コアラ (koala) | ヘビ (snake) | カバ (hippopotamus) |
| トラ (tiger) | 鶏 (chicken) | ダチョウ (ostrich) | 猿 (monkey) |

ポイント

①can がある文は，can を先頭に持ってくると疑問文になります。

②イントネーションは，最後は上げて言います。　例）Can you sing well?↗

③答えるときは，Yes, I can. No, I can't.（No, I cannot.）で答えます。


Step 2　次の対話文の①②に入る英文を考えて書きましょう。

Ben : Japanese students can ride a unicycle well. I can't ride it.

　　①(　　　　　　　　　　　　　　　　　　　　　　　　　　　　　　)?

Yuko : Yes, I can. I can ride it well.

Ben : ②(　　　　　　　　　　　　　　　　　　　　　　　　　　　　　)?

Yuko : Sure. Let's to go to the playground.


Step 3　先生が Yes, I can. と答えそうな質問をノートに書きましょう。

# 7 〔小学校の復習〕
# What's this?
# It's .... What's that?

## 身に付けさせたい「知識&技能」のポイント

　小学校の英語授業で，生徒は What's ...? の文を使う機会は少なかったかと思う。また，質問されても，It's .... で答えるのではなく，そのものずばり単語で答えていることが多いだろう。そこで，① What's this? の文構造と，② It's .... で答えることを押さえ，それを知識及び技能とする。

## 指導の流れと評価例（20分）

| ねらい | ○教師の指導／支援　●生徒の活動 | 留意点 |
|---|---|---|
| 目標文を聞く。<br><br>（3分） | ○目標文を使って対話する。<br>T：（オクラの花の写真を見せる）Look. What is this? It's a vegetable.<br>Ss：Green pepper? Eggplant? | ・本当に，それが何かどうかわからない状態で目標文を導入する。 |
| 目標文の理解を図る。<br><br><br><br><br><br><br>（17分） | ○文構造の理解を図る。<br>・肯定文を示し，疑問文の作り方を確認する。<br>板書　This is okra.<br>　　　Is this　okra?♪<br>What is this?↘<br>　　　　　It is ....<br>●ワークシートを行う。<br>・What's this? クイズを作って出し合う。 | ・This is .... の肯定文を見せ，そこからどのように疑問文が作られるのか図式化し，理解させる。 |

〔評価例〕・ワークシートの Step 1 で，目標文の正確な活用を確認する。

## 評価

| 評価規準 | Wh 疑問文の文構造を理解し，表現する技能を身に付けている。 | | |
|---|---|---|---|
| 評価基準 | 十分満足できる（a） | 概ね満足できる（b） | 努力を要する（c） |
| | 正しい語順で表現している。 | 概ね正しい語順で表現している。 | 理解が不十分である。 |

ワークシート 7

これはなんですか？（What's this?）あれはなんですか？（What's that?）

それは，トマトです。（It's a tomato.）

Class（　　）Number（　　）Name（　　　　　　　　）

Step 1　タブレットを使って，What's this? クイズをしましょう。

例）A：What's this?

　　B：Mmm …? I have no idea. Hint, please.

　　A：（ヒントを出す）It's a vegetable.

| ヒント | animal | fruit | vegetable | tool |
|---|---|---|---|---|
| 問題 | 動物の赤ちゃん | 果物の花 | 野菜の花 | 昔の道具 |

ポイント

① What's は，What is を短くした形です。

②イントネーションは，最後，下げます。

　例）What's this?↘ What's that?↘

③答えるときは，It's（It is）で答えます。

Step 2　次の対話文の①②に入る英文を考えて書きましょう。

〔2人は，山を散歩しています〕

Ken：Do you know this flower?

Jim：I don't know. ①(　　　　　　　　　　　　　　　　　　　　　)?

Ken：It's a dandelion. It is *tampopo* in Japanese.

Jim：*Tampopo*. I can hear something *over there.　　　　＊向こうに

　　②(　　　　　　　　　　　　　　　　　　　　　　　　　)?

Ken：*Wait! …. *Wow! … That's a bear! Run away!　＊待って　＊わあ〜

# 8 〔小学校の復習〕
## Who's this?
## That's .... Who's that?

## 身に付けさせたい「知識＆技能」のポイント

　生徒は，小学校では，Who am I? クイズなどで，Who という疑問詞に触れてくることが多い。文構造を理解していなくても，場面や状況から Who's this? の意味は理解できる。中学校では，① Who's this? の文構造と，② That's ..../He is ..../She is .... で答えることを押さえる。

## 指導の流れと評価例（20分）

| ねらい | ○教師の指導／支援　●生徒の活動 | 留意点 |
|---|---|---|
| 目標文を聞く。<br><br>（3分） | ○目標文を使って対話する。<br>T：（タラちゃんの頭を長方形の図形で隠す）<br>　　Who is this?　　Ss：カツオ！<br>T：Sorry. He is Tara-chan. | ・タラちゃんの頭の部分を隠すと，カツオに見える。<br>・何度か繰り返し，He is .... She is .... で答えることを理解させる。<br>・最初に Who is this? を板書し，その後，どのように文が変化していったか示す。 |
| 目標文の理解を図る。<br><br>（17分） | ○文構造の理解を図る。<br>・疑問文の作り方を確認する。<br><br>板書　This is Tara-chan.<br>　　　Is this　　Tara-chan?↗<br>Who is this?↘<br>　　　　　He is .... She is .... That's ....<br><br>●ワークシートを行う。<br>・人物クイズで，考えさせる言語活動を行う。 | |

〔評価例〕・ワークシートの Step 2 で，目標文の正確な活用を確認する。

## 評価

| 評価規準 | 疑問文の文構造を理解し，表現する技能を身に付けている。 | | |
|---|---|---|---|
| 評価基準 | 十分満足できる（a） | 概ね満足できる（b） | 努力を要する（c） |
| | 正しい語順で表現している。 | 概ね正しい語順で表現している。 | 理解が不十分である。 |

ワークシート 8

## この人は誰ですか？（Who's this?）
## その人は，私の弟です。（That's my brother.）

Class （　　）Number （　　　）Name （　　　　　　　　　　）

Step 1 　タブレットを使って，Who's this? クイズをしましょう。

例）A：Who's this?

　　B：Mmm ...? I have no idea. Hint, please.

　　A：（ヒントを出す）He is a comedian. He's from Chichibu.

　　　　He is good at bowling.

●写真やイラストの一部を隠したり，拡大したりして，人物を当てっこをしましょう。

| comedian | singer | actor/actress |
|---|---|---|
| 芸人 | 歌手 | 俳優 |
| friend | anime character | historical person |
| 友達 | アニメキャラクター | 歴史上の人物 |

ポイント

① Who's は，Who is を短くした形です。

②イントネーションは，最後，下げます。　　例）Who's this?↘

③答えるときは，That's/He's/She's で答えます。

Step 2 　次の対話文の①②に入る英文を考えて書きましょう。

　〔2人は，ネットを見ながら話をしています〕

Hiro：Look at this. Do you know this man?

Libby：No, I don't. ①(＿＿＿＿＿＿＿＿＿＿＿＿＿＿＿＿＿＿＿＿＿)?

Hiro：He is Kazuki.

Libby：②(＿＿＿＿＿＿＿＿＿＿＿＿＿＿＿＿＿＿＿＿＿＿＿)?

Hiro：He is a singer. He can play the drums too.

# 9 〔小学校の復習〕
# What sport do you play?

## 身に付けさせたい「知識&技能」のポイント

　生徒は，小学校で，What … do you ～? の表現には，慣れ親しんでいる。およそ語順も定着していると言える。しかし，表現として慣れ親しんでいるだけで，文構造として理解はできていないと考えられる。そこで，**What … do you ～? の語順を**，しっかり身に付けさせたい。

## 指導の流れと評価例（20分）

| ねらい | ○教師の指導／支援　●生徒の活動 | 留意点 |
|---|---|---|
| 目標文を聞く。<br><br><br><br><br>（3分） | ○目標文を使って対話する。<br>T：(写真を見せて) This is curry and rice. Hamburger steak. *Gyoza* … I cooked all of these.<br>Ss：え～。／お～。／Nice.<br>T：What food do you like?　　Ss：I like …. | ・食べ物の話は，生徒は好む。<br>・実際に教師が作った料理の写真を見せると，教師の日常生活の一端を見せられるのでよい。 |
| 目標文の理解を図る。<br><br><br><br><br><br><br><br>（17分） | ○文構造の理解を図る。<br>・疑問文の作り方を確認する。<br><br>板書　　　You like *sushi*.<br>　　　<u>Do</u> you like *sushi*?<br>What food do you like?<br><br>●ワークシートを行う。<br>・相手の好きなものなどを尋ね合う練習を行う。 | |

〔評価例〕・ワークシートのStep 2で，目標文の正確な理解を確認する。

## 評価

| 評価規準 | 疑問文の文構造を理解し，表現する技能を身に付けている。 | | |
|---|---|---|---|
| 評価基準 | 十分満足できる（a） | 概ね満足できる（b） | 努力を要する（c） |
| | **正しい**語順で表現している。 | **概ね**正しい語順で表現している。 | 理解が不十分である。 |

ワークシート 9

### なんのスポーツをしますか？
### (What sport do you play?)

Class (　　) Number (　　) Name (　　　　　　　　　)

Step 1　次の＿＿＿＿に尋ねたい語を入れて，友達に質問しましょう。

What ＿＿＿＿＿＿＿＿＿＿ do you ＿＿＿＿＿＿＿＿＿ ?

| |
|---|
| sport |
| color |
| food |
| Japanese food |
| animal/pet |
| season |
| subject |
| anime |
| TV program |

| |
|---|
| play |
| like |
| eat |
| have |
| study |
| cook |
| watch |

ポイント

① 「どんな〜」は，What .... と言います。

② イントネーションは，最後，下げます。　例）What food do you eat? ↘

Step 2　意味が通るように語を並べ替えましょう。

① 〔 comic book / like / you / what / do / ? 〕

＿＿＿＿＿＿＿＿＿＿＿＿＿＿＿＿＿＿＿＿＿＿＿＿＿＿＿

② 〔 cook / food / you / what / do / ? 〕

＿＿＿＿＿＿＿＿＿＿＿＿＿＿＿＿＿＿＿＿＿＿＿＿＿＿＿

# 10 〔小学校の復習〕 What do you usually do on Sundays?

## 身に付けさせたい「知識＆技能」のポイント

　生徒は，What ... do you ～? の方を慣れ親しみ，What do you ...? については，使う頻度は少なかったかと思う。この文型の活用では，自分のことを言ってから相手に質問すると，何を尋ねているのか，相手に理解しやすくなる。文構造の **What do you ...? の語順**をしっかり身に付けさせたい。

## 指導の流れと評価例（20分）

| ねらい | ○教師の指導／支援　●生徒の活動 | 留意点 |
|---|---|---|
| 目標文を聞く。<br><br>（3分） | ○目標文を使って対話する。<br>T：（写真を見せ）I like watching TV.<br>　In my free time, I watch TV.<br>　What do you do in your free time?<br>Ss：I play video games. I watch YouTube. | ・教師の日常生活を見せることは，生徒にとっては興味のあることかと思う。**教師が自己開示すると，生徒も自己開示しやすくなる。** |
| 目標文の理解を図る。<br><br>（17分） | ○文構造の理解を図る。<br>・疑問文の作り方を確認する。<br><br>　板書　You watch TV in your free time.<br>　　　　Do you <u>watch TV</u> in your free time?<br>　<u>What</u> do you <u>do</u>　　　in your free time?<br><br>●ワークシートを行う。<br>・お互いのことを知り合う言語活動を行う。 | |

〔評価例〕・ワークシートの Step 2 で，目標文の正確な理解を確認する。

## 評価

| 評価規準 | 疑問文の文構造を理解し，表現する技能を身に付けている。 | | |
|---|---|---|---|
| 評価基準 | 十分満足できる（a） | 概ね満足できる（b） | 努力を要する（c） |
| | 正しい語順で表現している。 | 概ね正しい語順で表現している。 | 理解が不十分である。 |

ワークシート⏨10

暇な時間があったら何をする？／何をしたい？

(What do you do in your free time? / What do you want to do?)

Class (　　) Number (　　) Name (　　　　　　　　)

Step 1　友達は暇なときに，何をしているのでしょうか。すること，したい
　　　　ことベスト３を，友達と伝え合ってみましょう。

例）A : What do you do in your free time?

　　B : First, I read books. I like reading. What do you do?

　　A : For me, I sleep. I like sleeping. How about the second one?

　　B : I like watching YouTube. What do you do?

| 名前 | ベスト１ | ベスト２ | ベスト３ |
|------|---------|---------|---------|
| 自分 |         |         |         |
|      |         |         |         |
|      |         |         |         |

ポイント

①「何を〜しますか」は，What do you ...? と言います。

②イントネーションは，最後，下げます。 例）What do you do? ↘

Step 2　次の対話文の①②に入る英文を考えて書きましょう。

［食べ物の話題になりました］

Mary : ①(＿＿＿＿＿＿＿＿＿＿＿＿＿＿＿＿＿) for breakfast?

Hiro : I always eat rice and *miso*-soup. I eat *natto* too.

Mary : How about lunch?

　　　②(＿＿＿＿＿＿＿＿＿＿＿＿＿＿＿＿＿)?

Hiro : I eat school lunch. On Tuesday, Thursday, and Friday, we have
　　　bread. On Monday and Wednesday, we eat rice.

# 11 〔小学校の復習〕 How many dogs do you have?

## 身に付けさせたい「知識＆技能」のポイント

How many ...? は，小学校3年で学習する。高学年になると教科書にもよるが，How many ...s do you ...? という文の形で学習する。生徒は，How many を用いた質問には答えられるが，自分から発信する機会は少ない。特に，**How many の後ろは複数形になる**ことをしっかり押さえる。

## 指導の流れと評価例（20分）

| ねらい | ○教師の指導／支援　●生徒の活動 | 留意点 |
|---|---|---|
| 目標文を聞く。<br><br><br><br><br><br>（3分） | ○目標文を使って対話する。<br>T：Do you like animals?<br>　When I was small, I had a rabbit, chickens, and a catfish.<br>　Do you have pets?　　　　　　S1：Yes.<br>T：What do you have?　　　　　S1：Dog.<br>T：How many dogs do you have?　S1：Two. | ・教師の Small Talk は，**教師の本当のことの中から話題を見つけるように**する。<br>・How many の導入では，だまし絵を用いて，How many animals can you see? 等の文で対話を行うこともできる。 |
| 目標文の理解を図る。<br><br><br><br><br><br>（17分） | ○文構造の理解を図る。<br>・疑問文の作り方を確認する。<br><br>板書　　　　　　You have two dogs.<br>　　　　　　　Do you have two dogs?<br>How many dogs do you have?↘<br><br>●ワークシートを行う。 | |

〔評価例〕・ワークシートの Step 2 で，目標文の正確な理解を確認する。

## 評価

| 評価規準 | 疑問文の文構造を理解し，表現する技能を身に付けている。 | | |
|---|---|---|---|
| 評価基準 | 十分満足できる（a） | 概ね満足できる（b） | 努力を要する（c） |
| | **正しい**語順で表現している。 | **概ね**正しい語順で表現している。 | 理解が不十分である。 |

ワークシート11

足はいくつ？（How many legs do you have?）

Class（　　）Number（　　）Name（　　　　　　　　）

Step 1 　動物当てクイズをします。動物を１つ選び，それになりきって，やり取りします。相手がどの動物であるのかを当てましょう。

例）A：How many legs do you have?　　　　B：I have four legs.

　　A：How many hearts do you have?　　　B：I have one heart.

　　A：How many stomachs do you have?　　B：I have four stomachs.

　　A：I got it! Are you a cow?　　　　　　B：Yes, I am.

| | monkey<br>（サル） | cow<br>（牛） | squid<br>（イカ） | snake<br>（蛇） | octopus<br>（タコ） |
|---|---|---|---|---|---|
| 脚・腕（leg/arm） | 4 | 4 | 10 | 0 | 8 |
| 心臓（heart） | 1 | 1 | 3 | 1 | 3 |
| 胃（stomach） | 1 | 4 | 1 | 1 | 1 |
| 耳（ear） | 2 | 2 | 0 | 0 | 0 |

＊タコやイカの足は腕と捉える場合があり，その数も文献により異なります。

ポイント

① How many の次には，複数形がきます。

②イントネーションは，最後，下げて言います。

　例）How many pets do you have? ↘

Step 2 　次の対話文の①②に入る英文を考えて書きましょう。

Liz：Do you have marker pens?

Mana：Yes, I do.

Liz：①（　　　　　　　　　　　　　　　　　　　　　　　　　　）?

Mana：Look. I have many. ②（　　　　　　　　　　　　　　　　　　　）?

Liz：I need three.

# 12 〔小学校の復習〕
## This is my favorite ....
## He/She/it is ....

## 身に付けさせたい「知識＆技能」のポイント

This is や He is/She is については，生徒は表現として覚えているため is が be 動詞であるとか，主語により be 動詞が変わるという文法的知識はない。そこで，① is は am や are と同様に be 動詞という種類であり，②イコール（＝）の意味を持つということを，知識及び技能として押さえたい。

## 指導の流れと評価例（20分）

| ねらい | ○教師の指導／支援　●生徒の活動 | 留意点 |
|---|---|---|
| 目標文を聞く。<br><br>（3分） | ○目標文を使って対話する。<br>T：Who is this?　　S1：Conan.<br>T：Yes! This is my favorite anime.<br>　He is clever and cool. | ・授業ではできるだけ意図的に既習事項を繰り返しながら，生徒とやり取りをする。 |
| 目標文の理解を図る。<br><br><br><br><br><br><br>（17分） | ○文構造の理解を図る。<br>・疑問文の作り方を確認する。<br>板書　This is my favorite anime.<br>　これ ＝ 私の大好きなアニメ<br>　He is clever and cool.<br>　彼 ＝ 賢くてカッコいい<br>●ワークシートを行う。 | ・人柄を表す表現もここで復習しながら行う。<br>・He や She，It の意味もきちんと押さえる。 |

〔評価例〕・ワークシートの Step 2 で，目標文の正確な理解を確認する。

## 評価

| 評価規準 | is の意味を理解し，is を用いて表現する技能を身に付けている。 | | |
|---|---|---|---|
| 評価基準 | 十分満足できる（a） | 概ね満足できる（b） | 努力を要する（c） |
| | is の意味を理解し十分に正しく表現できている。 | is の意味を理解し，概ね正しく表現できている。 | is の理解が不十分であり，正しく表現できていない。 |

ワークシート12

## これは私の好きな〜です。彼／彼女／それは，〜です。

(This is my favorite .... He/She/It is ....)

Class (　　) Number (　　) Name (　　　　　　　)

Step 1 あなたには好きな食べ物や歌手，スポーツ選手等はいますか。
好きな人やものなどを，写真を見せながら友達に紹介しましょう。

例) Hi. This is my favorite food. It is *natto*. It is a healthy food.
I like it. I eat it every morning.

〔カテゴリー〕

| singer | actor/actress | comedian | writer |
|---|---|---|---|
| 歌手 | 俳優 | 芸人 | 作家 |
| animal | anime character | friend/teacher | food |
| 動物 | アニメキャラクター | 友達／先生 | 食べ物 |

ポイント

①is は，イコールの意味があります。前後をイコール（＝）で結びます。

②否定文は，is の後ろに，not を入れます。

例) He is quiet. （彼＝静か）　He is not quiet. （彼＝静かでない）

Step 2 次の（　　　　　）に入る適切な語を書きましょう。

Ken：Hi, Lucy. ① This (　　　　) my friend, Takeru.

　② He (　　　　) very kind.

Lucy：Hi. ③ I (　　　　) Lucy. ④ I (　　　　) from Canda.

Takeru：Nice to meet you.

Ken：Look. Can you see a woman? ⑤ That (　　　　) our teacher.

　⑥ She (　　　　) a music teacher.

Lucy：⑦ Wow, she (　　　　) very tall. ⑧ You (　　　　) tall too.

Ken：⑨ Yes, she (　　　　) a basketball player.

　⑩ She (　　　　) good at it.

# 13 〔小学校の復習〕 Where is my ruler? It's on your desk. Where do you ...?

## 身に付けさせたい「知識＆技能」のポイント

　生徒は小学校５年のときに，Where の文，及び，前置詞を学習している。しかしながら，使用する機会がなく，定着しているとは言えない。さらに，be 動詞を使う場合と一般動詞を使う場合があり，文構造としても複雑である。①Where の意味，及び，②語順を含む文構造について押さえたい。

## 指導の流れと評価例（20分）

| ねらい | ○教師の指導／支援　●生徒の活動 | 留意点 |
|---|---|---|
| 目標文を聞く。<br><br>（3分） | ○目標文を使って対話する。<br>T：What's this?　　　Ss：It's a whale.<br>T：Where is a nose?　　S1：???<br>（写真に４か所，印をつけ，選ばせる） | ・くじらの鼻の場所を問う疑問文で Where is ...? を導入し，生徒を引き付け，**その後，身近な話題へと持っていく。**<br>・be 動詞と一般動詞を用いた where の文を意図的に盛り込む。 |
| 目標文の理解を図る。<br><br>（17分） | ○文構造の理解を図る。<br>・疑問文の作り方を確認する。<br><br>板書　Where is your bat?↘<br>　　　 – It is by the door.<br>　　　Where do you play baseball?↘<br>　　　 – I play it in the playground.<br><br>●ワークシートを行う。 | |

〔評価例〕・ワークシートの Step 2 で，目標文の正確な理解を確認する。

## 評価

| 評価規準 | 疑問文の文構造を理解し，表現する技能を身に付けている。 | | |
|---|---|---|---|
| 評価基準 | 十分満足できる（a） | 概ね満足できる（b） | 努力を要する（c） |
| | 文構造を理解し**十分**に正しく表現している。 | 文構造を理解し，**概ね**正しく表現している。 | 文構造の理解が不十分であり，正しく表現できていない。 |

ワークシート13

~はどこですか？　あなたはどこで~しますか？

(Where is/are ...? Where do you ...?)

Class (　　) Number (　　) Name (　　　　　　　)

Step 1　日本の中で，あなたはどこに行きたいですか？　また，それはどこ
にあるのでしょう。友達と尋ね合ってみましょう。

例) A : <u>Where do you</u> want to go in Japan?

B : I want to go to Mt. Ryokami.

A : <u>Where is</u> Mt. Ryokami?

B : It's in Saitama Prefecture. We can enjoy climbing.

| 名前 | 行きたいところ | どこにある？ | 何をする？ |
|---|---|---|---|
| 自分 | | | |
| | | | |
| | | | |

ポイント

① Where は，「どこ」という意味です。

② Where is/are ...? で，「~はどこですか？」という意味です。

③ Where do you ...? で「あなたはどこで~しますか？」という意味です。

Step 2　〔　　　〕内の語を用いて，①②に入る文を書きましょう。

① Bob : (　　　　　　　　　　　　　　　　　　　　　　　　　)?

〔 where / shopping 〕

Mami : I usually go shopping in Nagoya.

② Hiro : (　　　　　　　　　　　　　　　　　　　　　　　　　)?

〔 where / glasses 〕

Lucy : (　　　　　　　　　　　　　　　　　　　　　　　).

〔 on / head 〕

# 14 〔小学校の復習〕
# What time is it?
# What time do you get up?

## 身に付けさせたい「知識&技能」のポイント

　生徒は小学校4,5年で,時刻を尋ねたり,何時に何をするのか尋ねたりする文を学ぶ。①「何時ですか」と言うときには,What time is ...? を用い,②「何時に〜しますか」と言うときは,What time do you ...? を使うことを確認する。

## 指導の流れと評価例（20分）

| ねらい | ○教師の指導／支援　●生徒の活動 | 留意点 |
|---|---|---|
| 目標文を聞く。<br><br>（3分） | ○目標文を使って対話する。<br>T：What time is it?　　Ss：It's 10:50.<br>T：What time do you usually get up?<br>Ss：I usually get up at .... | ・小学校で学習した表現を用いて,生徒の生活について話題にする。 |
| 目標文の理解を図る。<br><br><br><br><br><br><br><br>（17分） | ○文構造の理解を図る。<br>・表現について確認する。<br>板書　What time is it? ↘<br>　　　 – It is 10:50.<br>　　　 What time do you usually get up? ↘<br>　　　 – I usually get up at 9:00.<br>●ワークシートを行う。 | ・1日の様子を表すイラストを用いて,様々な語句を入れ替えながら表現練習を行う。 |

〔評価例〕・ワークシートの Step 3 で,目標文の正確な理解を確認する。

## 評価

| 評価規準 | 疑問文の文構造を理解し,表現する技能を身に付けている。 | | |
|---|---|---|---|
| 評価基準 | 十分満足できる（a） | 概ね満足できる（b） | 努力を要する（c） |
| | 文構造を理解し正しく表現している。 | 文構造を理解し,概ね正しく表現している。 | 文構造の理解が不十分であり,正しく表現できていない。 |

ワークシート14

### ～は何時ですか？　あなたは何時に～しますか？
### (What time is ...? What time do you ...?)

Class (　　) Number (　　) Name (　　　　　　　　)

Step 1　世界の国々は，何日の何時でしょうか？　友達に尋ねましょう。

例) A : <u>What time</u> is it in New Zealand?

　　B : It is 1 p.m. on May 12th.

〔日本との時差〕

| New Zealand [Wellington] | ＋3 | Italy [Roma] | －8 |
| China [Beijing] | －1 | the U.K. [London] | －9 |
| Australia [Sydney] | ＋1 | Brazil [Rio de Janeiro] | －12 |
| India [Kolkata] | －3.5 | the U.S. [New York] | －14 |

Step 2　友達は次のことを何時にするかな？　尋ねてみましょう。

例) A : <u>What time</u> do you usually get up?

　　B : I usually get up at 6.

| ① get up | | ⑤ come home | |
| ② eat breakfast | | ⑥ eat dinner | |
| ③ leave home for school | | ⑦ take a bath | |
| ④ go home | | ⑧ go to bed | |

Step 3　①②に入る文を書きましょう。

Hiro : ①(　　　　　　　　　　　　　　　　　　　　) in New York?

Mike : It's 8:35 a.m.

Hiro : ②(　　　　　　　　　　　　　　　　　　　　　)?

Mike : I usually go to bed at midnight.

# 15 〔小学校の復習〕 When is your birthday? When do you study?

## 身に付けさせたい「知識＆技能」のポイント

　生徒は小学校５年で，誕生日を尋ねる文を学ぶ。疑問詞を用いた文を学ぶことで，相手に詳しく尋ねることができるようになる。①「いつですか」と言うときには，When is ...? を用い，②「いつ〜しますか」と言うときは，When do you ...? を使うことを確認する。

## 指導の流れと評価例（20分）

| ねらい | ○教師の指導／支援　●生徒の活動 | 留意点 |
|---|---|---|
| 目標文を聞く。<br><br>（3分） | ○目標文を使って対話する。<br>T：You do *kendo*, right?　　S1：Yes.<br>T：When do you practice *kendo*?<br>S1：I practice it on Tuesdays and Fridays. | ・生徒の習い事（剣道，柔道，ピアノ，水泳）や，塾の話題で目標文を用いて生徒と対話する。 |
| 目標文の理解を図る。<br><br><br><br>（17分） | ○文構造の理解を図る。<br>・表現について確認する。<br><br>板書　When is Children's Day? ↘<br>　　　 – It is May 5th.<br>　　　 When do you do your homework? ↘<br>　　　 –Before dinner.<br><br>●ワークシートを行う。 | |

〔評価例〕・ワークシートの Step 1，2で，目標文の正確な活用を確認する。

## 評価

| 評価規準 | 疑問文の文構造を理解し，表現する技能を身に付けている。 | | |
|---|---|---|---|
| 評価基準 | 十分満足できる（a） | 概ね満足できる（b） | 努力を要する（c） |
| | 文構造を理解し**十分**に正しく表現している。 | 文構造を理解し，**概ね**正しく表現している。 | 文構造の理解が不十分であり，正しく表現できていない。 |

ワークシート15

## ～はいつですか？　あなたはいつ～しますか？
### (When is ...? When do you ...?)

Class (　　　) Number (　　　) Name (　　　　　　　　　)

Step 1 　次の日はいつなのかペアで尋ね合ってみましょう。わからない場合
は調べ，わかったらペアに英語で伝えましょう。

例）A：<u>When</u> is Katsuo's birthday?

　　B：I don't know.（調べる）... I got it. It's March 11th.

〔誕生日：birthday〕

| Isono Katsuo | 3月11日 | Mickey Mouse | 月　日 |
|---|---|---|---|
| Doraemon | 月　日 | Donald Duck | 月　日 |
| Nobi Nobita | 月　日 | Kamado Tanjiro | 月　日 |
| Goda Takeshi | 月　日 | Kamado Nezuko | 月　日 |
| Funa-shi（フナッシー） | 月　日 | Edogawa Conan | 月　日 |

Step 2 　友達は次のことをいつするかな？　尋ねてみましょう。

例）A：<u>When</u> do you get ready for school?

　　B：I always get ready for school at night.

| ① get ready for school | | ③ take a bath | |
|---|---|---|---|
| ② do your homework | | ④ play .... / practice .... | |

Step 3 　（　　　　　　　　　　）に適する文を書きましょう。

Jim：Yoko, your writing is beautiful.

Yoko：Thank you. I practice calligraphy.

Jim：（　　　　　　　　　　　　　　　　　　　　　　　）?

Yoko：Every Wednesday evening.

# 16 ｜ ３人称単数現在形①肯定文

## 身に付けさせたい「知識＆技能」のポイント

　３人称単数現在形は，１年の英語の中でも習得に困難を示す文法である。他己紹介ができることを目標とし，３人称単数現在形に慣れ親しませる。活用できる知識及び技能となるよう次の２つを押さえる。

　①主語が３人称単数で，現在のことをいう場合，動詞に s(es)をつける。
　② s(es)のつけ方を理解する。

## 指導の流れと評価例（40分）

| ねらい | ○教師の指導／支援　●生徒の活動 | 留意点 |
|---|---|---|
| 目標文を聞く。<br><br><br><br><br><br><br><br><br><br>（10分） | ○クイズで３人称単数現在形を導入する。<br>T：I'll give you quizzes. Who is this? If you get the answer, raise your hand.<br><br>Hint 1. This is a teacher.<br>Hint 2. He **drives** a big car.<br>Hint 3. He **plays** *kendo*.<br>Hint 4. He **teaches** math.<br><br>T：Who is this?　　Ss：Mr. ○○先生！<br>T：That's right.　（と言って写真を見せる） | ・クイズでは，生徒の知らない情報を入れると盛り上がる。<br>・クイズを３〜４問行い，likes や has, runs などできるだけ多くの動詞を聞かせる。 |
| 目標文の理解を図る。<br><br><br><br><br><br><br>（3分） | ○目標文について簡単に解説する。<br>T：クイズで，こんな英語を使ったんだけど今までと違うところ，どこかわかる？<br>　She likes Disney very much.（２回繰り返す）<br>　何が違う？　　　　Ss：likes<br>T：そうだね。「自分と相手」以外の人のこと，これを３人称といいます。３人称で単数の場合，likes のように s がつくんだね。 | ・文法のポイントを簡単に解説し，理解させる。<br>・３人称単数も，ここでしっかり用語として教えておく。 |

| | | |
|---|---|---|
| | 板書1 I like Disney very much.<br><br>　　→<br>She likes Disney very much.<br><br>T：今日は，「友達クイズ」を作って，みんなの友達を紹介し合いましょう。 | ・板書はまだ写させない。<br>・必要に応じて，目標文を生徒に繰り返させる。 |
| 目標文を使ってみる。<br><br><br>（17分） | ●友達クイズを作る。　　ワークシート<br>・机間指導しながら，3人称単数現在形を正確に用いることができるよう支援する。<br>●友達クイズを出し合う。<br>・4人班になり，クイズを出し合う。 | ・ヒントが欲しい場合は，Give me a hint. という表現を使わせる。 |
| 文法のまとめをする。<br><br><br><br><br><br><br><br><br>（10分） | ○文法のまとめを行う。<br>・動詞に s(es) をつける方法を押さえる。<br>板書2 ＜ s のつけ方＞<br>①そのままつける。　例）cook → cooks<br>②子音＋y で終わっている単語は，y を i に変えて，es をつける。<br>　例）study → studies<br>③o,x,s,ss,sh,ch で終わっている語は，es をつける。　例）watch → watches<br>・文法の知識を確認する。　まとめワークシート | ・3人称単数現在形の s の発音を確認する。<br>・has は，例外として教える。<br>・板書はノートに写させる。<br>・最後に「まとめワークシート」を行う。 |

〔評価例〕・「まとめワークシート」で，目標文の正確な活用を確認する。

## 評価

| 評価規準 | 3人称単数現在形を理解し，表現する技能を身に付けている。 | | |
|---|---|---|---|
| 評価基準 | 十分満足できる（a） | 概ね満足できる（b） | 努力を要する（c） |
| | 3人称単数現在形を**正確**に用いて表現している。 | 3人称単数現在形を**概ね**正確に用いて表現している。 | 3人称単数現在形の理解が不十分である。 |

ワークシート16

## ３人称単数現在形（肯定文）

~ He like**s** tennis. **S**he play**s** soccer. Kenta **has** a dog. ~

Class (     ) Number (     ) Name (                    )

Step 1   友達のことをよく知ってもらうために，友達クイズをしましょう。

例) This is my friend. He lives in Kita-machi.

He comes to school by bike. He has two sisters.

He plays baseball. He likes Kitty-chan.

_____

_____

_____

_____

_____

Step 2   グループになって，友達クイズを出し合いましょう。

No. 1 _____    No. 2 _____    No. 3 _____

No. 4 _____    No. 5 _____    No. 6 _____

### 文法ポイント

(1) 主語が３人称単数現在形のときには，動詞に s(es) をつける。

(2) s(es) のつけ方のルールは３つある。

・そのままつける。 例) play → (          )  cook → (          )

・子音＋ y で終わっている単語は，y を i に変えて，es をつける。

例) study → (          )  fly → (          )

・o, x, s, ss, sh, ch で終わっている単語は，es をつける。

例) watch → (          )  teach → (          )

注意  have は，(          ) に形が変わる。

まとめワークシート16
　　　　Class（　　）Number（　　）Name（　　　　　　）

3人称単数現在形（肯定文）
　　I like tennis.　　　　Mami likes tennis.

　　　　　　　　　　　3人称単数　　s をつける

問題 1　動詞を3人称単数現在形にしましょう。
① cook　→（　　　　　　　　　）　② study →（　　　　　　　　　）
③ go　　→（　　　　　　　　　）　④ watch →（　　　　　　　　　）
⑤ teach →（　　　　　　　　　）　⑥ have　→（　　　　　　　　　）

問題 2　下線部に注意し，（　　）に入る語を下から選び，必要に応じて，形を変えて書きましょう。
① Hiro is a soccer player. He（　　　　　　　）soccer very well.
② My sister likes running. She often（　　　　　　　）to school.
③ I don't watch TV, but my wife（　　　　　　　）it every night.
④ Mami（　　　　　　　）to swimming school. She（　　　　　　　）well.
⑤ Mr. Sato is a math teacher, but he（　　　　　　　）music too.
⑥ Bob（　　　　　　　）from Canada. He（　　　　　　　）Japanese hard.

| study | watch | come | like | walk | run |
| swim | have | go | cook | teach | play |

問題 3　問題2で使わなかった動詞を用いて，あなたの身近な人を主語にして，文を作りましょう。

_____
_____

# 17 | 3人称単数現在形②疑問文

## 身に付けさせたい「知識＆技能」のポイント

　3人称単数現在形は，小学校では学習してこないため，疑問文で使われるDoes については，ほとんど初耳になると言える。主語が1・2人称で，一般動詞を用いた疑問文と対比させ，3人称単数現在形の疑問文を理解させる。知識及び技能として，次の2つを押さえる。

　①主語が3人称単数の疑問文は，Does を用い，動詞は原形にする。

　②答えるときは，does を使って答える。

## 指導の流れと評価例（40分）

| ねらい | ○教師の指導／支援　●生徒の活動 | 留意点 |
|---|---|---|
| 目標文を聞く。<br><br><br><br><br><br><br><br><br>（10分） | ○ ALT との対話で疑問文を導入する。<br>JTE：Mike, what are you thinking?<br>ALT：My sister's birthday is coming soon. I want to send her a birthday present, but I don't know what to buy. Do you have any ideas? This is my sister, Beth.（写真を黒板に貼る）<br>JTE：（写真を指し）Does she play sport?<br>ALT：Yes. She likes basketball.<br>JTE：Does she like Japanese anime?<br>ALT：Yes. She likes Conan very much. | ・ALT が妹に誕生日プレゼントを買いたいが何がいいかわからない設定にする。<br>・Does she ... を複数聞かせる。途中で，Does というカードを見せ，目標文に気付かせる。 |
| 目標文の理解を図る。<br><br><br>（5分） | ○目標文について簡単に解説する。<br>T：今，マイク先生とお話をしましたが，どんな話だった？　英語で言える？<br>S1：Mike's sister likes basketball.<br>S2：Beth likes Conan. | ・ALT の話を振り返り，どんな話をしていたか，情報の取り出しを行う。 |

| | | |
|---|---|---|
| | T：Good. 今までは，Do you like …? と Do を使うことに慣れていたかと思いますが，主語が3人称単数のときには，Does を使います。気をつけなくてはいけないことは，動詞は s をつけずに原形にすることです。<br><br>板書 Do　you like sport?↗<br>　　　　　　　　　動詞の原形<br>Does she like sport?↗<br>　　{ Yes, she does.<br>　　　No, she doesn't. | ・板書はまだ写させない。<br>・必要に応じて，目標文を生徒に繰り返させる。 |
| 目標文を使ってみる。<br><br>（15分） | ●情報の聞き取りを行う。　　ワークシート<br>・隣のペアに質問する。（Step 1）<br>・前後でペアになり，お互いのペアについて尋ね合う。（Step 2）<br>・斜めでペアになり，お互いのペアについて尋ね合う。（Step 3） | ・言語使用を「考えさせながら」行う。<br>・ワークシートの下にある文法ポイントを確認する。 |
| 文法のまとめをする。<br><br>（10分） | ○文法のまとめを行う。　　まとめワークシート<br>・板書を用い，目標文の仕組みを確認する。<br>・問題1で，正しい語を選択する判断ポイントを生徒に考えさせる。 | ・板書をノートに写させる。 |

〔評価例〕・「まとめワークシート」で，目標文の理解と技能を確認する。

## 評価

| 評価規準 | 3単現の疑問文を理解し，表現する技能を身に付けている。 | | |
|---|---|---|---|
| 評価基準 | 十分満足できる（a） | 概ね満足できる（b） | 努力を要する（c） |
| | 3単現の疑問文を十分に理解し，正しく表現している。 | 3単現の疑問文を理解し，概ね正しく表現している。 | 3単現の疑問文への理解が不十分である。 |

ワークシート17

### ３人称単数現在形（疑問文）

## ~ **Does he** like tennis? Yes, he does. No, he doesn't. ~

Class (　　) Number (　　) Name (　　　　　　　　　)

Step 1　目の前の人に質問するときは，Do you ...? を使います。
　　　　隣のペアに質問し，情報をメモしましょう。

例）Miki：Do you play sport?

　　　Taku：Yes, I do. I play soccer.

| | | 隣のペア | A | B |
|---|---|---|---|---|
| ① | play sport | | | |
| ② | like English | | | |
| ③ | come to school by bike | | | |
| ④ | have pets | | | |
| ⑤ | run fast | | | |

Step 2　今度は，前後でペアになります。ペアの隣の人について，質問し，
　　　　表のAに，情報をメモします。目の前の人でない第３者について尋
　　　　ねるときは，Does ... を使うんでしたね。

例）Sachi：Does Taku play sport?

　　　Miki：Yes, he does. He plays soccer.

Step 3　最後に，斜めでペアになります。ペアの隣の人について，質問し，
　　　　表のBに，情報をメモしましょう。

文法ポイント
⑴ 主語が３人称単数現在形の疑問文は，（　　　　　　　　　）で始める。
⑵ 疑問文では主語が３人称単数でも，動詞は（　　　　　　　　　）にする。

まとめワークシート17

Class (　　) Number (　　) Name (　　　　　)

3人称単数現在形（疑問文）

I　　speak　French.　　　　Do　you　speak French?
Libby speaks French.　　　Does Libby speak French?
　　　＼動詞にsをつける　　　　　　＼動詞の原形
　　　　　　　　　　　　{ Yes, she does.
　　　　　　　　　　　　{ No, she doesn't.

問題1　下線部に注目して，（　）に Do (do) か，Does (does) を入れましょう。

① (　　　　　) you live in Tokyo? --- Yes, I (　　　　　).
② (　　　　　) Ken get up early? --- No, he (　　　　　) not.
③ (　　　　　) she practice *karate*? --- Yes, she (　　　　　).
④ Where (　　　　　) Yumi go shopping?
⑤ When (　　　　　) Mami and Yuki play badminton?

【知識・技能】（　）に入る語をどう判断すれば正しい答えとなりますか。

問題2　対話文を読み，（　　）に入る語や語句を考えて書きましょう。

Emi：This is my brother, Shuji.
Bob：He is tall. ① (　　　　　　　　　　　)?
Emi：② No, (　　　　　　　　　　). He plays volleyball.
Bob：③ When (　　　　　　　　　　　　)?
Emi：He plays it from Monday to Friday.

# 18 | 3人称単数現在形③否定文

## 身に付けさせたい「知識＆技能」のポイント

　3人称単数現在形の否定文で用いる doesn't（does not）は，生徒は疑問文の答え方を学ぶ過程で触れている。しかし，慣れ親しんでいる状態にはなっていないと考える。新しいことに**気付く**には古いものと対比させるとよい。主語が1・2人称で，一般動詞を用いた否定文と対比させることで，3人称単数現在形の否定文に気付かせたい。知識及び技能としては，次の2点を押さえる。

　①主語が3人称単数の否定文は，doesn't（does not）を用いる。
　②動詞は原形にする。

## 指導の流れと評価例（40分）

| ねらい | ○教師の指導／支援　●生徒の活動 | 留意点 |
|---|---|---|
| 目標文を聞く。<br><br><br><br><br><br><br><br><br><br><br><br><br>（10分） | ○目標文を導入する。<br>T：Look at this. This is Doraemon.<br>　　What does he like?　　Ss：*Dorayaki.*<br>T：Yes. He likes *dorayaki.*<br>　　What does he hate?（hate のカードを見せる）<br>Ss：ネズミ。<br>T：Yes. He hates mice.（hate のカードを裏返し，hates を見せる）<br>　　Doraemon **doesn't like** mice.（doesn't のカードを見せる）<br>　　Who's this?　　　　　Ss：She's Dorami.<br>T：What does she like?　Ss：メロンパン。<br>T：Yes. She likes melon bread.<br>　　What does she hate?　　S1：ゴキブリ！<br>T：Yes. She **doesn't like** cockroaches. | ・doesn't like を複数回，生徒に聞かせる。その際，途中で，**doesn't というカードを見せ**，目標文に気付かせる。<br>・hate を使用したら，続けて使うことで，hateの語彙理解を深めるようにする。 |

| 目標文の理解を図る。 | ○目標文について簡単に解説する。<br>T：もう，今日の学習はわかったかな？　今日は，「〜は…しない」という3人称単数現在形の否定文を学習します。先生が嫌いな動物は，もちろん，snake です。<br><br>板書 I don't like snakes.<br>↓<br>Doraemon doesn't like mice.<br>　　　does not 動詞の原形<br><br>（5分） | ・黒板に提示する例文は，できるだけ使用した英文を利用するようにする。<br>・板書はまだ写させない。<br>・必要に応じて，目標文を生徒に繰り返させる。 |
| --- | --- | --- |
| 目標文を使ってみる。<br><br>（15分） | ●情報の聞き取りを行う。　　ワークシート<br>・Hiro の情報を伝える。（Step 1）<br>・友達にインタビューする。（Step 2）<br>・インタビューした内容をペアに伝える。<br>（Step 3）<br>・文法ポイントを確認する。 | ・否定文の言い方をペアで確認していく協働的な学習を行う。 |
| 文法のまとめをする。<br><br>（10分） | ○文法のまとめを行う。　　まとめワークシート<br>・板書を用い，目標文の仕組みを再確認する。<br>・問題1で，正しい語を選択する判断ポイントを生徒に考えさせる。 | ・板書をノートに写させる。 |

〔評価例〕・「まとめワークシート」で，目標文の理解と技能を確認する。

## 評価

| 評価規準 | 3単現の否定文を理解し，表現する技能を身に付けている。 | | |
| --- | --- | --- | --- |
| 評価基準 | 十分満足できる（a） | 概ね満足できる（b） | 努力を要する（c） |
| | 3単現の否定文を十分に理解し，正しく表現している。 | 3単現の否定文を理解し，概ね正しく表現している。 | 3単現の否定文への理解が不十分である。 |

| ワークシート 18 |

### 3人称単数現在形（否定文）

### ~ Doraemon doesn't like mice. ~

Class (　　) Number (　　) Name (　　　　　　　　)

| Step 1 | 次は，Hiro の好きなものと好きではないものを整理したものです。ペアでそれらを言っていきましょう。

例）Hiro likes eggplants, but he doesn't like carrots.

|  | 野菜<br>vegetable | 果物<br>fruit | スポーツ<br>sport | 勉強<br>subject |
|---|---|---|---|---|
| 好きなもの | ナス | バナナ | サッカー | 体育 |
| 嫌いなもの | ニンジン | スイカ | バスケ | 理科 |

| Step 2 | 友達のことをよく知るために，次のことを友達にインタビューしましょう。Yes なら〇，No なら×を表に書きましょう。

例）A：Do you have pets?

B：Yes, I do. I have a cat.

| 名前 | ペット<br>have pets | 教科<br>like English | 飲み物<br>drink coffee | 早起き<br>get up early |
|---|---|---|---|---|
| ① |  |  |  |  |
| ② |  |  |  |  |
| ③ |  |  |  |  |

| Step 3 | インタビューした結果をペアに伝えましょう。

例）Takeru has a pet. He has a cat.

　　He doesn't like English, but he likes music.

### 文法ポイント

(1) 3人称単数現在形の否定文は，動詞の前に（　　　　　　　）を入れる。

(2) 否定文では，動詞は（　　　　　　　）にする。

ワークシート 18

Class (    ) Number (    ) Name (        )

3人称単数現在形（否定文）

I have a dog.        I don't have a dog.
Mami <u>has</u> a dog.    Mami <u>doesn't</u> <u>have</u> a dog.
　　　↖3単現　　　　　　　　↖動詞の原形

問題1　下線部に注目しながら，（    ）に don't か，doesn't を入れましょう。

① <u>I</u> (                ) speak French, but I speak English.

② <u>Yuki</u> (                ) go to *juku*, but I go to *juku* on Sunday.

③ Ken has two brothers, but <u>he</u> (                ) have any sisters.

④ <u>Hiro and I</u> (                ) like cucumbers.

⑤ This is my dog. <u>It</u> (                ) run fast. It runs very slowly.

【知識・技能】（    ）に入る語をどう判断すれば正しい答えとなりますか。

[                                                              ]

問題2　次は Bob に関するメモです。①〜④を伝える文を書きましょう。

①住んでいるところ……大阪　　②言語……英語とスペイン語が話せる。
③ペット……飼っていない。　　④スポーツ……野球はするがバスケはしない。

①_____

②_____

③_____

④_____

# 19 | 現在進行形①肯定文

## 身に付けさせたい「知識&技能」のポイント

　現在進行形の概念は，「今」である。今，行っていることに対していう。一方，日常的に行うことをいう場合は，現在形を使う。この両者を比較して，現在進行形の概念を理解させる。押さえたいポイントは，次の3点である。

　①「～している」というときには，be動詞＋動詞ing を使うこと。

　② ing のつけ方。

　③主語によって変わる be 動詞（is, am, are）の使い分け。

## 指導の流れと評価例（40分）

| ねらい | ○教師の指導／支援　●生徒の活動 | 留意点 |
|---|---|---|
| 目標文を聞く。<br><br>（10分） | ○目標文を導入する。<br>・写真を見せ，現在進行形の文を聞かせる。<br>T：Look at these dolphins. They're jumping.（ jumping のカードを見せる）<br>T：What's this?　　Ss：Cheetah.<br>T：Yes. It's a cheetah. What is it doing?<br>Ss：Running. 獲物を追いかけている。<br>T：Right. It is running. It is running fast.（ running のカードを見せる） Or, it is chasing an animal.（ chasing のカードを見せる） | ・写真で示しながら，現在進行形の文を聞かせる。<br>・目標文に気付かせるために，動詞ingをカードで見せ，黒板に貼る。<br>・食べ物を食べているうさぎや笑っている人などを見せる。 |
| 目標文の理解を図る。<br><br>（3分） | ○目標文について簡単に解説する。<br>T：jumpingって，どういう意味？<br>Ss：跳ぶ。跳んでいる？<br>T：jump は「跳ぶ」で，jumping だと？<br>Ss：跳んでいる。 | ・黒板には，写真の上に，動詞ingのカードを貼っておく。 |

| | T：Yes. 何か気付く？<br>Ss：ing がついている。<br>T：そうですね。Dolphins jump. だと，「イルカたちは跳ぶ」ですが，Dolphins are jumping. となると，「イルカたちは（今）跳んでいます」となりますね。<br><br>板書　Dolphins　　　jump.<br>　　　　　　　　　　　↓<br>　　　Dolphins are jumping.<br>　　　　　　　be 動詞＋動詞 ing | ・必要に応じて，目標文を生徒に繰り返させる。<br>・板書はまだ写させない。<br>・動作をしている絵や写真を見せながら He is 〜ing. She is 〜ing. They are 〜ing を少し練習する。 |
|---|---|---|
| 目標文を使ってみる。<br><br>（17分） | ●ジェスチャーゲームをする。　ワークシート<br>・ジェスチャーゲームで使えそうな動詞を，先生の後に繰り返し，発音を確認する。(Step 1)<br>・ペアでジェスチャーゲームをする。(Step 2) | ・楽しい雰囲気の中で行う。<br>・文法ポイントを確認し，ing のつけ方を指導する。 |
| 文法のまとめをする。<br><br>（10分） | ○文法のまとめを行う。　まとめワークシート<br>・板書を用い，目標文の仕組みを再確認する。<br>・問題2で，正しい be 動詞を選択する判断ポイントを生徒に考えさせる。 | ・板書をノートに写させる。 |
| 〔評価例〕・「まとめワークシート」で，目標文の理解と技能を確認する。 |||

## 評価

| 評価規準 | 現在進行形を用いて，正しく表現する技能を身に付けている。 | | |
|---|---|---|---|
| 評価基準 | 十分満足できる（a） | 概ね満足できる（b） | 努力を要する（c） |
| | 現在進行形を用いて**十分に**正しく表現している。 | 現在進行形を用いて**概ね**正しく表現している。 | 現在進行形の理解が不十分である。 |

ワークシート[19]

### 現在進行形（肯定文）
### ～ Dolphins are jumping high. ～
Class （　　　） Number （　　　） Name （　　　　　　　　　　）

Step 1　　次の動詞を先生の後に繰り返しましょう。

| ① | 食べる | eat | ⑨ | 洗う | wash |
|---|---|---|---|---|---|
| ② | 飲む | drink | ⑩ | 読む | read |
| ③ | 演奏する・〜する | play | ⑪ | 笑う | laugh |
| ④ | 歩く | walk | ⑫ | 泣く | cry |
| ⑤ | 歌う | sing | ⑬ | 乗る | ride |
| ⑥ | 跳ぶ | jump | ⑭ | 運転する | drive |
| ⑦ | 走る | run | ⑮ | 踊る | dance |
| ⑧ | 泳ぐ | swim | ⑯ | 掃除する | clean |

Step 2　　ジェスチャーゲームをします。じゃんけんに負けた人は立って，動作をします。勝った人は，相手が何をしているか当てましょう。

例）A：You are eating *ramen*.　　　　　＊（何を）まで当てましょう。
　　B：That's right!

文法ポイント

(1)「（今）〜している」と言いたいときは，be 動詞＋動詞 ing を使います。

(2) ing のつけ方には 3 つのルールがあります。

・そのままつける。
　例）cook →（　　　　　　　　　）　　study →（　　　　　　　　　）
・e で終わっている語は，e をとって ing をつける。
　例）use →（　　　　　　　　）
・最後の文字の 1 つ前が母音（アイウエオの音）のとき，最後の文字を重ねて，ing をつける。
　例）run →（　　　　　　　　）　　swim →（　　　　　　　　）

まとめワークシート19

Class （　　） Number （　　） Name （　　　　　　　）

現在進行形（肯定文）

I watch TV.　　　　Mana runs fast.　　　　You sing.

I am watching TV.　　Mana is running fast.　　You are singing.
be 動詞　ing

問題1　次の動詞を進行形にしましょう。

① cook → （　　　　　　　　　）

② make → （　　　　　　　　　）

③ play → （　　　　　　　　　）

④ swim → （　　　　　　　　　）

⑤ use → （　　　　　　　　　）

⑥ have → （　　　　　　　　　）

⑦ sit → （　　　　　　　　　）

⑧ study → （　　　　　　　　　）

問題2　文脈に合うように，下線に語を入れましょう。

① Tom：Where is Mayumi?

　　Hiro：She is in the gym. She _____ _____ volleyball.

② Lucy：Hi, Mami. How are you?

　　Mami：*Be quiet. The baby _____ _____ in the *cot.

　　　　　　　　　　　　　　　　　　＊静かに　＊ベビーベッド

③ Mother：Bob, can you come and help me.

　　Bob：Sorry, mom. I _____ _____ my homework.

④ Natsu：Oh, you _____ _____ *origami*?

　　Libby：Yes. I'm trying to make it, but it is too difficult.

# 20 | 現在進行形②疑問文・否定文

## 身に付けさせたい「知識&技能」のポイント

　現在進行形の形式は，be 動詞＋動詞の ing 形である。意味は，「～してい
る」となる。疑問文は，be 動詞があるので，be 動詞を前に持ってくれば疑
問文になる。押さえたいポイントは，次の2点である。

　①be 動詞を前に持ってくると，疑問文になる。

　②答えるときは，be 動詞で答える。

## 指導の流れと評価例（40分）

| ねらい | ○教師の指導／支援　●生徒の活動 | 留意点 |
|---|---|---|
| 目標文を聞く。<br><br><br><br><br><br><br>（10分） | ○ ALT とジェスチャーゲームを行う。<br>ALT：Mr. Takizawa. Please guess what I am doing.（動作で行動を示す）<br>T：Are you eating?<br>ALT：Eating what?<br>T：Are you eating *ramen*?<br>ALT：No, I'm not.<br>T：Are you eating *soba*?<br>ALT：Yes, I am. I am eating *soba*. | ・Are you ...? で始めることに気付かせる。<br>・JTE もクイズを出すなど，交代して数回行う。<br>・生徒に当てさせてもよい。 |
| 目標文の理解を図る。<br><br><br><br><br><br><br>（3分） | ○目標文について簡単に解説する。<br>T：今日は，現在進行形の疑問文を勉強します。現在進行形の形はなんだっけ？<br>Ss：be 動詞＋動詞の ing 形。<br>T：そうだね。意味は？<br>Ss：～しているところ／～している。<br>T：じゃ，「あなたはそばを食べています」を英語にすると？ | ・教師が一方的に説明するのではなく，生徒に問いながら，疑問文の作り方を生徒自身から出させるようにする。<br>・必要に応じて，目標文を生徒に繰り返 |

|  |  |  |
|---|---|---|
|  | Ss：You are eating *soba*.<br>T：そうですね。（板書する）これを疑問文にすると，be 動詞がここにあるから，どうすればいい？<br>Ss：前に持ってくる。<br><br>　板書　You are eating *soba*.<br><br>　　　Are you　　　eating *soba*?<br>　　　　　Yes, I am.<br>　　　　　No, I'm not. | させる。<br>・板書はまだ写させない。 |
| 目標文を使ってみる。<br><br>（17分） | ●ジェスチャーゲームをする。　　ワークシート<br>・ペアでジェスチャーゲームをする。（Step 1）<br>・ジェスチャーゲームで相手が Yes. と答えた疑問文を書く。（Step 2） | ・前時に行った活動と同様，楽しい雰囲気で行う。<br>・文法ポイントを確認する。 |
| 文法のまとめをする。<br><br>（10分） | ○文法のまとめを行う。　　まとめワークシート<br>・板書で，疑問文・否定文を再確認する。<br>・問題1，問題2で，疑問文は be 動詞で始まることを理解させる。 | ・板書をノートに写させる。<br>・問題1③は，一般動詞の問題となっている。 |
| 〔評価例〕・「まとめワークシート」で，目標文の理解と技能を確認する。 |||

## 評価

| 評価規準 | 現在進行形の疑問文を表現する技能を身に付けている。 | | |
|---|---|---|---|
| 評価基準 | 十分満足できる（a） | 概ね満足できる（b） | 努力を要する（c） |
|  | 現在進行形の疑問文を用いて**十分**に正しく表現している。 | 現在進行形の疑問文を用いて**概ね**正しく表現している。 | 現在進行形の疑問文の理解が不十分である。 |

ワークシート20

### 現在進行形（疑問文・否定文）

~ Are you playing table tennis? I'm not playing table tennis. ~

Class (　　) Number (　　) Name (　　　　　　　)

Step 1　ジェスチャーゲームをします。

ルール1　じゃんけんに負けた人は立って，動作をします。

ルール2　勝った人は，相手が何をしているか，疑問文で尋ねましょう。

ルール3　負けた人は No. で答えたときは，動作のヒントを言います。

例) A：(動作する)

　　B：Are you drinking water?

　　A：No. I'm not drinking water.（否定文で言う）

　　　　It is black.（ヒントを1つ以上言う）

　　B：Are you drinking coke?

　　A：Yes, I am drinking coke.（肯定文で言う）

Step 2　質問して，Yes と返ってきた疑問文を書きましょう。

(　　　　　　　　　　　　　　　　　　　　　　)

文法ポイント

(1) 現在進行形の疑問文は，be 動詞を（　　　　　）に持ってきます。

　　答えるときは，be 動詞を使って答えます。

　　例)　　　　You are listening to music.

　　(　　　　　) you　　listening to music?

　　　　　　　Yes, I (　　　　　). No, I'm (　　　　　).

(2) 現在進行形の否定文は，be 動詞の後ろに（　　　　　）を入れます。

　　例) Ken is studying math.

　　　Ken is (　　　　　) studying math.

まとめワークシート 20

Class ( ) Number ( ) Name ( )

現在進行形（疑問文・否定文）

You are playing tennis.　疑問文は be 動詞を前に持ってくる

Are you　　playing tennis?　否定文は，be 動詞の後ろに not をつける

Yes, I am. No, I'm not.　I am not playing tennis.

問題1　次の（　）に入る語を書きましょう。

① A：（　　　　　　　　） you sleeping?

　B：No, I'm (　　　　　　　). I'm just thinking.

② A：I'm looking for Ken. (　　　　　　　) Ken having lunch?

　B：Yes, he (　　　　　　). He's in his classroom.

③ A：(　　　　　　　) you read Japanese books?

　B：Yes, I (　　　　　　). I'm reading "I am a cat."

④ A：(　　　　　　) Yuki and Mari playing volleyball in the gym?

　B：Yes, (　　　　) (　　　　　　). They like volleyball.

⑤ A：(　　　　　　) your dog eating something?

　B：Yes, (　　　　) (　　　　　　). It's eating dogfood.

問題2　〔　〕内の語を用いて必要に応じて形を変えて，下線に入る文を書きましょう。

① A：＿＿＿＿＿＿＿＿＿＿＿＿＿＿＿＿＿＿? 〔 you / have fun 〕

　B：Yes, I am. Fireworks are beautiful. Yumi is here, too.

　A：＿＿＿＿＿＿＿＿＿＿＿＿＿＿＿＿? 〔 wear / a *yukata* 〕

② A：Mari is in the music room.

　B：Again? ＿＿＿＿＿＿＿＿＿＿＿＿＿? 〔 play / the piano 〕

　A：＿＿＿＿＿＿＿＿＿＿＿＿＿＿＿＿. 〔 yes 〕

# 21 動名詞
## I like watching movies.

　動名詞は，①目的語になる場合，②主語になる場合，そして，③ be good at .... 等の前置詞の後の動名詞の３種類の使い方がある。目的語になる動名詞や前置詞の後の動名詞は，小学校で，I like swimming. や，I'm good at singing. 等で触れてきている。中学校では，応用がきくように，文法として指導する。押さえたいことは，次の３点である。

　①動詞に ing をつけると「～すること」という意味になる。

　②動名詞が目的語や，主語になる場合がある。

　③ing のつけ方。（現在進行形で学習済みであるが繰り返しが大事である）

指導の流れと評価例（40分）

| ねらい | ○教師の指導／支援　●生徒の活動 | 留意点 |
|---|---|---|
| 目標文を聞く。<br><br><br><br><br><br><br><br>（10分） | ○目標文を導入する。<br>T：Are you busy? I'm busy every day.<br>　I like **reading**, but I have no time.<br>　I like **going** to *onsen*, but I have no time.<br>　I like **watching** TV, but I soon get sleepy.<br>　I like **sleeping** very much.<br>　What do you like?<br>　Do you like reading?　　Ss：Yes./ No.<br>T：Do you like sleeping?　Ss：Yes./ No. | ・教師の本当の話からスタートさせる。いそがしい日々で，好きなこともなかなかできないことから話を始める。<br>・生徒も，好きかどうか尋ねていく。 |
| 目標文の理解を図る。<br>（5分） | ○目標文について簡単に解説する。<br>T：今日は，こんな文をみんなに言ったね。<br>　I like sleeping. どんな意味？<br>Ss：寝るのが好き。 | ・導入で用いた文を使って，文法の説明をする。<br>・動詞に ing がつい |

| | T：そうですね。「私は寝ることが好きです」という意味です。この sleeping は，主語にもなります。Sleeping is fun. 寝ることは楽しい。このように，動詞に ing がついて，「〜すること」という意味になります。<br><br>板書　I like sleeping.<br>　　　　　　寝ること<br>Sleeping is fun.<br>寝ることは，楽しい<br>＊動詞 ing ＝「〜すること」 | て「〜すること」という意味になることを押さえる。<br>・板書はまだ写させない。<br>・説明後，イラストを用い口頭練習を必要に応じて行う。 |
|---|---|---|
| 目標文を使ってみる。<br><br>（15分） | ●友達にインタビューする。　ワークシート<br>・自分が好きな方に○をする。その後，友達はどっちが好きか尋ねる。(Step 1 )<br>・インタビューした友達について，他者に伝える。(Step 2 ) | ・Reporting 活動を取り入れる。<br>・文法ポイントを確認する。 |
| 文法のまとめをする。<br><br>（10分） | ○文法のまとめを行う。　まとめワークシート<br>・例文として，finish や enjoy を入れ，説明を加える。ing のつけ方も確認する。<br>・問題に取り組ませる。 | ・板書をノートに写させる。 |
| 〔評価例〕・「まとめワークシート」で，目標文の理解と技能を確認する。 |||

## 評価

| 評価規準 | 動名詞の意味と形を理解し，表現する技能を身に付けている。 | | |
|---|---|---|---|
| 評価基準 | 十分満足できる（a） | 概ね満足できる（b） | 努力を要する（c） |
| | 動名詞を理解し，動名詞を用いて**十分に**正しく表現している。 | 動名詞を理解し，**概ね**正しく表現できている。 | 動名詞の理解が不十分である。 |

ワークシート21

動名詞（〜すること）

〜 I like sleeping. Sleeping is fun. 〜

Class （　　） Number （　　） Name （　　　　　　　）

Step 1　友達はどっちが好きかな？　まずは，あなたが好きな方に〇をつけましょう。その後で，友達にインタビューしましょう。

例）A：Do you like singing songs or listening to music?

　　B：I like singing songs.  Singing song is fun.

| 自分 | 友達 | 項目 | 項目 | 友達 | 自分 |
|---|---|---|---|---|---|
|  |  | singing songs | listening to songs |  |  |
|  |  | cooking | eating |  |  |
|  |  | taking an *onsen* | taking a bath |  |  |
|  |  | playing sport | watching sport |  |  |
|  |  | studying math | studying English |  |  |
|  |  | eating rice | eating bread |  |  |
|  |  | watching TV | watching YouTube |  |  |
|  |  | going to mountains | going to sea |  |  |

Step 2　友達にインタビューしたことを，レポートしましょう。

文法ポイント

(1) 動詞に ing がつくと，（　　　　　　　　　　）という意味になる。動詞が名詞になることから，これを（　　　　　　　　　）という。

(2) 動名詞は，（　　　　　　　　　）にもなる。

　例）Listening to music is a lot of fun.

　　（音楽を聴くのはとても楽しい）

まとめワークシート21

Class (    ) Number (    ) Name (                )

動名詞（〜すること）

I enjoy **reading** comic books.　　　**Reading** comic books is fun.
　　　 読むことが　　　　　　　　　　読むことは

I finish **using** my phone at 10.　　 I am good at **drawing** pictures.
　　　 使うことを　　　　　　　　　　（絵を）描くことが

問題1 　（　　）内の語を正しい形に書き換えましょう。

① I like ( swim ) in the river.　　　　　＿＿＿＿＿＿＿＿＿＿

② Do you enjoy ( run )?　　　　　　　　＿＿＿＿＿＿＿＿＿＿

③( Study ) English is important.　　　　＿＿＿＿＿＿＿＿＿＿

④ What do you like ( do )?　　　　　　　＿＿＿＿＿＿＿＿＿＿

⑤ Are you good at ( make ) sandwiches?　＿＿＿＿＿＿＿＿＿＿

問題2 　〔　　〕内の語を用いて必要に応じて形を変えて，下線に入る文を書
　　　きましょう。

① A :＿＿＿＿＿＿＿＿＿＿＿＿＿＿＿＿＿＿＿＿＿＿＿＿＿＿?
　　　　　　　〔 enjoy / read / comic books 〕

　 B : Yes, this comic book is very fun.

② A : What do you like doing?

　 B : I like fishing. ＿＿＿＿＿＿＿＿＿＿＿＿＿＿＿＿＿＿＿.
　　　　　　　　　　　　〔 fish / hobby 〕

③ A : ＿＿＿＿＿＿＿＿＿＿＿＿＿＿＿＿＿＿＿＿＿＿＿＿＿?
　　　　　　　〔 like / study English 〕

　 B : Yes, I do. ＿＿＿＿＿＿＿＿＿＿＿＿＿＿＿＿＿＿＿＿＿.
　　　　　　　　　　〔 study English / fun 〕

# 22 | 不定詞の名詞的用法<br>I want to be a YouTuber.

## 身に付けさせたい「知識＆技能」のポイント

　不定詞の名詞的用法は，小学校で，Where do you want to go? や，What do you want to do? What do you want to be? 等の want to という形で学習してくる。当然のことながら，生徒は表現として学んできており，文法的な理解はなされていない。押さえたいことは，次の3点である。

　①「to ＋動詞の原形」で，「〜すること」という意味になる。

　②不定詞が目的語として使われる場合，主語になる場合があること。

　③英文を前から意味をとっていくと，不定詞の意味を確定できること。

## 指導の流れと評価例（40分）

| ねらい | ○教師の指導／支援　●生徒の活動 | 留意点 |
|---|---|---|
| 目標文を<br>聞く。<br><br><br><br><br><br><br>（10分） | ○目標文を導入する。<br>T：I went to many countries; Australia, Vietnam, Singapore, Indonesia, the Philippines, America, Korea, Italy, England, and Taiwan. I want to go to England again. Where do you want to go?<br>Ss：Italy./ Korea.<br>T：What do you want to do?<br>S1：I want to see ピサの斜塔. | ・生徒が十分に音声で慣れ親しんでいる Where do you want to go? から入る。<br>・写真等の視覚情報を用いる。 |
| 目標文の<br>理解を図<br>る。<br><br><br>（5分） | ○目標文について簡単に解説する。<br>T：みんなは小学校のときに，I want to go to .... という文を習いましたね。<br>　先生の場合は，I want to go to England. です。なぜなら，I want to see *Peter Rabbit* again. だからです。 | ・不定詞の学習の頃より，前から意味をとらせるようにする。<br>・want to が，どうして「〜したい」と |

| | 英文は前から意味をとっていくといいです。「私は欲する」。何を欲するの？<br>Ss：見ること。<br>T：そうですね。「見ることを欲する」つまり，「見たい」ということですね。<br><br>板書 I want **to go** to England.<br>　　　 I want **to see** *Peter Rabbit*.<br>　　　 欲する／見ることを（＝見たい）<br>　　　　 何を？<br><br>T：他にも，「〜する必要がある」という need to や，like to で，「〜することが好き」という意味で使われます。 | いう意味になるのかに気付かせる。<br>・板書はまだ写させない。<br>・have to も，場合によっては「〜することを持っている」という意味で，「〜しなければならない」という意味になる。 |
|---|---|---|
| 目標文を使ってみる。<br><br>（15分） | ●友達にインタビューする。　　ワークシート<br>・将来の夢と，実現するために何が必要であるかを考える。（Step 1）<br>・友達と将来の夢について伝え合う。（Step 2） | ・Reporting 活動を取り入れる。<br>・文法ポイントを確認する。 |
| 文法のまとめをする。(10分) | ○文法のまとめを行う。　　まとめワークシート<br>・不定詞の名詞的用法を板書で整理する。<br>・問題に取り組ませる。 | ・板書をノートに写させる。 |
| 〔評価例〕・「まとめワークシート」で，目標文の理解と技能を確認する。 | | |

## 評価

| 評価規準 | 不定詞の意味と形を理解し，表現する技能を身に付けている。 | | |
|---|---|---|---|
| 評価基準 | 十分満足できる（a） | 概ね満足できる（b） | 努力を要する（c） |
| | 不定詞を理解し，**十分**に正しく表現している。 | 不定詞を理解し，**概ね**正しく表現している。 | 動名詞の理解が不十分である。 |

ワークシート22

## 不定詞（～すること）

~ I like to sleep. To sleep is important. ~

Class （　　） Number （　　） Name （　　　　　　　　　　）

Step 1　みんなは将来何になりたいですか。または何をしたいでしょうか。
そのために必要なことは何かを考えましょう。

| 将来の夢 | あなたの思い・考え |
|---|---|
| What do you want to be?<br>or<br>What do you want to do? | |

| そのためには？ | あなたの思い・考え |
|---|---|
| What do you need to do?<br>or<br>What do you have to do? | |

Step 2　友達と将来の夢について，伝え合いましょう。

例) A：What do you want to be?

　　B：I want to be a soccer player.

　　A：What do you need to do?

　　B：I need to practice soccer very hard. I need to run.

### 文法ポイント

(1)「to ＋動詞の原形」で，（　　　　　　　　　）という意味になる。

(2) to の後ろの動詞は，（　　　　　　　　　）であることに注意する。

(3) 不定詞は，（　　　　　　　　　）にもなる。

　例) To climb mountains is my hobby.（山に登ることは，私の趣味です）

まとめワークシート22

Class (　　) Number (　　) Name (　　　　　)

不定詞（〜すること）　　　　　　　　　　　　主語になることもある
　　I want to be a vet in the future.　To be a vet is my dream.
　　欲する　なることを（＝なりたい）　　　　　to の後ろは動詞の原形
　　I need to go to university.　I forget to bring my bag.
　　必要だ　行くことが　　　　　　忘れた　持ってくることを

問題1　（　　　）内に入る語を書きましょう。

① A : Hiro. Why are you here?
　 B : Because I want (　　　　) see you.
② A : Where do you want to (　　　　)?
　 B : I want to go to Kyoto.
③ A : What do I need?
　 B : You need (　　　　) study hard.
④ A : Where is the milk?
　 B : Oh, sorry. I forgot (　　　　) buy it.

問題2　①②は下線に入る文を考え，②は〔　　　〕の語を必要に応じて形
　　　　を変えて使いましょう。

① A : _____ this Sunday?
　 B : I like to go shopping in Nagoya.
　 A : _____?
　 B : I want to buy some clothes.

② A : Do you eat breakfast every day?
　 B : Of course, I do. _____.
　　　　　　　　　　　　　〔 eat / important〕

# 23 | 過去形①<br>肯定文（規則動詞・不規則動詞）

身に付けさせたい「知識＆技能」のポイント

　過去形は，主に小学校6年で，夏休みの思い出などで，表現に触れてきている。went や ate, saw, enjoyed, was など，過去形ということは知らずに，表現として用い，言語活動を行ってくる。中学校では，規則動詞と不規則動詞があり，規則動詞には ed がつき，不規則動詞は形が変わる等，汎用性を期待した指導を行う。押さえたいことは，次の3点である。

　①動詞に ed をつければ過去形になり，ed をつける動詞を規則動詞という。

　② ed のつけ方には3通りあること。

　③ ed をつけない形の変わる動詞があり，それを不規則動詞と呼ぶこと。

指導の流れと評価例（40分）

| ねらい | ○教師の指導／支援　●生徒の活動 | 留意点 |
|---|---|---|
| 目標文を聞く。<br><br><br><br><br><br><br><br>（10分） | ○目標文を導入する。<br>T：This winter vacation, I spent time with my family. We went to Niigata.<br>　We enjoyed skiing there. We ate delicious *soba*, *hegisoba*. We went up the mountain, and saw beautiful snow view from the top.<br>　This is the picture. How did you spend your winter vacation? | ・小学校で学習した動詞をできるだけ用いる。<br>・その後，文法解説を行う。<br>・教師の話の後，生徒同士での Small Talk に持っていってもよい。 |
| 目標文の理解を図る。<br>（5分） | ○目標文について簡単に解説する。<br>T：もう小学校で学習済みですが，先生の冬休みについて，こんな英語を使いました。<br>　We went to Niigata. どういう意味？ | ・導入で用いた文を使って，文法の説明をする。<br>・動詞には，ed が |

| | | |
|---|---|---|
| | Ss：新潟に行った。<br>T：そうですね。went は「行った」という意味です。また，enjoyed, ate, saw などを使いました。<br><br>┌──────────────────────────┐<br>│ 板書 We <u>went</u> to Niigata.<br>│   We <u>enjoyed</u> skiing.<br>│   We <u>ate</u> *hegisoba*.<br>│ 過去形<br>│  ① ed がつく動詞  enjoy, play, like<br>│  ② 形が変わる動詞  go, eat, see,<br>└──────────────────────────┘<br><br>T：今日の勉強は，「過去形」です。過去形には，ed をつける動詞と，went や ate のように形が変わる動詞があります。 | つく動詞と，形が変わる動詞があることを確認する。<br>・板書はまだ写させない。 |
| 目標文を使ってみる。<br>（15分） | ●友達にインタビューする。　ワークシート<br>・生徒に動詞の過去形を繰り返させながら，意味と発音を確認する。（Step 1）<br>・友達と冬休みについて伝え合う。（Step 2） | ・Step 2 では書かせてもよい。<br>・文法ポイントを確認する。 |
| 文法のまとめをする。(10分) | ○文法のまとめを行う。　まとめワークシート<br>・板書で過去形の仕組みについて整理する。<br>・問題に取り組ませる。 | ・板書をノートに写させる。 |
| 〔評価例〕・「まとめワークシート」で，目標文の理解と技能を確認する。 |||

## 評価

| 評価規準 | 過去形について理解し，表現する技能を身に付けている。 | | |
|---|---|---|---|
| 評価基準 | 十分満足できる（a） | 概ね満足できる（b） | 努力を要する（c） |
| | 過去形を**十分**に正しく用いて表現している。 | 過去形を**概ね**正しく表現している。 | 過去形の理解が不十分である。 |

ワークシート 23

## 過去形（〜した）
### 〜 I went to Hokkaido. I enjoyed eating *ramen*. 〜
Class（　　）Number（　　）Name（　　　　　　　　　）

Step 1 　動詞の過去形を確認しましょう。

| | 不規則動詞 | | | 規則動詞 | |
|---|---|---|---|---|---|
| | 現在形 | 過去形 | | 現在形 | 過去形 |
| ① | go（行く） | went | ① | enjoy（楽しむ） | enjoyed |
| ② | eat（食べる） | ate | ② | play（〜する） | played |
| ③ | see（見る） | saw | ③ | walk（歩く） | walked |
| ④ | send（送る） | sent | ④ | cook（料理する） | cooked |
| ⑤ | buy（買う） | bought | ⑤ | study（勉強する） | studied |
| ⑥ | get（得る） | got | ⑥ | clean（掃除する） | cleaned |
| ⑦ | come（来る） | came | ⑦ | watch（見る） | watched |
| ⑧ | sleep（眠る） | slept | ⑧ | pray（祈る） | prayed |
| ⑨ | do（〜する） | did | ⑨ | use（使う） | used |
| ⑩ | win（勝つ） | won | ⑩ | visit（訪問する） | visited |

Step 2 　冬休みのことについて，友達としたことについて話しましょう。

例）A : What did you do in your winter vacation?

　　B : I went skiing in Nagano. I enjoyed it very much.

　　　　How about you? What did you do?

　　A : I went to Suwa Shrine. I prayed for my happiness.

文法ポイント

(1) 過去のことをいうときには，動詞を（　　　　　　　　　　）にすればよい。

(2) 過去形にするには動詞に（　　　　　　　　　　）をつけるもの（規則動詞）と，
　　形の変わるもの（不規則動詞）の2つがある。

まとめワークシート23

Class (　　) Number (　　) Name (　　　　　　　)

過去の文（～した）

I <u>went</u> to Niigata.
　行った（go の過去）

I <u>enjoyed</u> skiing.
　楽しんだ（enjoy の過去）

I <u>spent</u> time with my family.
　過ごした（spend の過去）

I <u>prayed</u> for my happiness.
　祈った（pray の過去）

問題1　（　）内に入る語を右の□から選び，必要に応じて形を変えて書きましょう。

① A : Where did you go last Sunday?

　B : I (　　　　　　　) to Shizuoka with my friends.

　A : What did you do there?

　B : We (　　　　　　) yakisoba in Fujinomiya.

② A : What did you do last night?

　B : Last night?  I watched TV and (　　　　　　)
　　 my homework.  But why?

　A : I (　　　　　　) an e-mail, but I (　　　　　　)
　　 no mail from you.

> play
> go
> visit
> drink
> see
> do
> send
> get
> eat
> sleep

問題2　次の質問に対する答えを，主語・動詞で始まる文でノートに書きましょう。

① What time did you go to bed last night?

② What did you eat for dinner last night?

③ What did you do last night?

④ What time did you get up this morning?

⑤ How did you come to school today?

# 24 過去形②<br>疑問文（規則動詞・不規則動詞）

## 身に付けさせたい「知識＆技能」のポイント

　過去形については小学校での既習事項となるが，疑問文については，尋ねられれば答えられるものの，自分から発話することまでは定着できていないかと思われる。そこで，過去形の疑問文の言い方に十分慣れさせる必要がある。押さえるべきことは，次の２点である。

　①過去の疑問文は Did で始め，動詞は原形にする。

　②答えるときは，did で答える。

## 指導の流れと評価例（40分）

| ねらい | ○教師の指導／支援　●生徒の活動 | 留意点 |
|---|---|---|
| 目標文を聞く。<br><br><br><br><br><br><br><br><br><br><br>（10分） | ○目標文を導入する。<br>T：How are you?　　　　　　　Ss：I'm good ….<br>T：Taku, are you tired?  You look sleepy.<br>　　Did you go to bed late at night?<br>S1：At 9.<br>T：At 9?  You went to bed early.<br>　　Are you tired?　　　　　　S1: No, I'm not.<br>T：Miki, did you study at home last night?<br>S2：Yes.<br>T：What did you study?　　S2：Math.<br>T：Did you study English?　S2：No. | ・Did you …? について，慣れていない場合は，ゆっくり話し聞かせるようにする。<br>・生徒の生活の様子をイメージし，対話の内容を考える。 |
| 目標文の理解を図る。<br><br>（5分） | ○目標文について簡単に解説する。<br>T：今，先生が過去の話題でみんなに尋ねていきましたが，どんな英語で始まっていた？<br>S1：Did … you … study last night?<br>S2：Did you …. | ・導入で用いた文を使って，文法の説明をする。<br>・疑問文の出だしがわからないようなら， |

| | | |
|---|---|---|
| | T：そうですね。今までは，Do you …? と言っていましたが，過去の文では，Did you …? になるんですね。答えるときは，Yes, I did. または，No, I didn't. となります。<br><br>板書　Do you study English?<br>↓<br>Did you study English last night?<br>　{ Yes, I did.<br>　{ No, I didn't.（did not） | もう一度 Did you study? などのように，言ってあげる。<br>・答え方も確認する。<br>・板書はまだ写させない。 |
| 目標文を使ってみる。<br><br>（15分） | ●友達にインタビューする。　ワークシート<br>・インタビューし，結果を表に記入する。（Step 1）<br>・Step 1 で情報を得た友達について，尋ね合う。（Step 2） | ・時間を十分とりながら，Step 1 を行う。<br>・文法ポイントを確認する。 |
| 文法のまとめをする。（10分） | ○文法のまとめを行う。　まとめワークシート<br>・板書で疑問文の仕組みについて整理する。<br>・問題に取り組ませる。 | ・板書をノートに写させる。 |
| 〔評価例〕・「まとめワークシート」で，目標文の理解と技能を確認する。 | | |

## 評価

| 評価規準 | 過去の文の疑問文を理解し，表現する技能を身に付けている。 | | |
|---|---|---|---|
| 評価基準 | 十分満足できる（a） | 概ね満足できる（b） | 努力を要する（c） |
| | 過去の文を用いて十分に正しく質問している。 | 過去の文を用いて概ね正しく質問している。 | 過去の文の疑問文への理解が不十分である。 |

ワークシート24

### 過去形（疑問文）

~ Did you listen to music yesterday?  Yes, I did.  No, I didn't. ~

Class (　　) Number (　　) Name (　　　　　　　　)

Step 1 　次のことについて友達に質問します。まず，あなた自身がどうだった のか，「はい」の場合は○を，「いいえ」の場合は×を書きましょう。

| | 自分 | 友達 | 友達 |
|---|---|---|---|
| Did you study last night? | | | |
| Did you watch TV last night? | | | |
| Did you have bread at breakfast today? | | | |
| Did you read comic books last night? | | | |
| Did you sleep well last night? | | | |
| Did you go anywhere last Sunday? | | | |
| Did you play sport yesterday? | | | |
| Did you talk with your homeroom teacher today? | | | |

Step 2 　Step 1 を基に，友達について尋ね合いましょう。

例）A：Who did you interview?

　　B：I interviewed Mami.

　　A：Did Mami study last night?

　　B：Yes, she did.  She went to *juku* and studied English.

文法ポイント

(1) 過去の文の疑問文は，(　　　　　　　　) で始め，動詞は (　　　　　　　)

　にする。

　例）Did Hiroshi watch TV?

(2) 答えるときも，(　　　　　　　　) を使う。

　例）Yes, he did. / No, he didn't.

まとめワークシート 24

Class (　　) Number (　　) Name (　　　　　　　)

過去の文（疑問文）

You <u>went</u> to Niigata this winter.

Did you <u>go</u>　to Niigata this winter?　　$\left\{ \begin{array}{l} \text{Yes, I did.} \\ \text{No, I didn't.} \end{array} \right.$

動詞の原形

問題1 　(　　) 内に入る語を考えて，書きましょう。

① A：(　　　　　　) you have fun at the festival?

　B：Yes, I (　　　　　). I enjoyed goldfish scooping.

　A：(　　　　　) you (　　　　　) some goldfish?

　B：Yes, I (　　　　　). I got 8 goldfish.

② A：(　　　　　) Takumi win the table tennis match?

　B：No, he (　　　　　). He lost the match.

　A：Oh. That's for sorry. (　　　　　) you (　　　　　) the match?

　B：Yes, I (　　　　　). I won all the matches. I'm a champion.

問題2 　次の質問に，あなた自身のことで答え，さらに1〜2文，文を足してみましょう。

① Did you go to bed before 10 o'clock last night?

_____

② Did you study last night?

_____

③ Did you watch YouTube last night?

_____

④ Did you eat breakfast this morning?

_____

⑤ Did you play sport yesterday?

_____

# 25 | 過去形③<br>否定文（規則動詞・不規則動詞）

## 身に付けさせたい「知識＆技能」のポイント

　過去形の否定文については，生徒は小学校英語において，使用する機会は
ほとんどなかったと思われる。そこで，過去形の否定文に言い慣れる必要が
ある。押さえるべきポイントは，次の２点である。

　①過去の文の否定文は動詞の前に didn't（did not）を入れる。

　②動詞は原形にする。

## 指導の流れと評価例（40分）

| ねらい | ○教師の指導／支援　●生徒の活動 | 留意点 |
|---|---|---|
| 目標文を聞く。<br><br><br><br><br><br><br><br><br><br><br><br>（10分） | ○目標文を導入する。<br>T：What time did you go to bed last night?<br>Ss：I went to bed at ....<br>T：Really? I was too tired and sleepy last night. What time did I sleep?<br>Ss：9? / 10? / 6?<br>T：6? No, I went to sleep at 8.<br>Ss：8? はや～。<br>T：Yes. I usually check e-mail, but I **didn't** check it yesterday.（⬚didn't⬚のカードを見せる）<br>T：I usually watch TV, but I **didn't** watch last night.（⬚didn't⬚のカードを見せる） | ・教師が普段はするけれども，昨夜しなかったことを，I didn't ... を使って話す。<br>・強調し，気付きを持たせるために，カードで，⬚didn't⬚の視覚情報を与える。 |
| 目標文の理解を図る。<br><br>（5分） | ○目標文について簡単に解説する。<br>T：たま～にあるんだけど，昨日，疲れていて，早く寝てしまいました。メールのチェックもせずテレビも見ませんでした。<br>　今日は，そんな「～しなかった」という否定 | ・導入の先生の話を思い出させる。<br>・現在形の否定文と過去の文の否定文を比較しながら，板書 |

| | 文について，勉強しますね。 | する。 |
|---|---|---|
| | 　普段からやっていないことは，don't を使います。現在形ですね。でも，「昨日勉強しなかった」のように過去のことでは，didn't を使います。 | ・板書はまだ写させない。 |
| | 板書　I don't study every day.<br>　　　　　　↓<br>　　　I didn't study last night. | ・イラストを見せ，やったことは肯定文で，やらなかったことは否定文で言わせる等，口頭練習を行う。 |
| 目標文を使ってみる。<br>（15分） | ●友達にインタビューする。　ワークシート<br>・インタビューし，結果を表に記入する。（Step 1）<br>・Step 1 で情報を得た友達について，伝え合う。（Step 2） | ・早く終わったら，友達のことでわかったことをノートに書かせてもよい。 |
| 文法のまとめをする。（10分） | ○文法のまとめを行う。　まとめワークシート<br>・板書で否定文について整理する。<br>・問題に取り組ませる。 | ・板書をノートに写させる。 |
| 〔評価例〕・「まとめワークシート」で，目標文の理解と技能を確認する。 | | |

## 評価

| 評価規準 | 過去の文の否定文を理解し，表現する技能を身に付けている。 | | |
|---|---|---|---|
| 評価基準 | 十分満足できる（a） | 概ね満足できる（b） | 努力を要する（c） |
| | 過去の文の否定文を**十分**に正しく用いている。 | 過去の文の否定文を**概ね**正しく用いている。 | 過去の文の否定文への理解が不十分である。 |

ワークシート25

## 過去形（否定文）

~ I didn't practice *judo* last night. I had a fever. ~

Class (　　) Number (　　) Name (　　　　　　　　)

Step 1　次のことを友達に質問しましょう。まず，あなた自身がどうだったの
か，「はい」の場合は〇を，「いいえ」の場合は，×を書きましょう。

| | 自分 | 友達 | 友達 |
|---|---|---|---|
| Did you do some housework last night? | | | |
| Did you play sport yesterday? | | | |
| Did you send e-mail last night? | | | |
| Did you have breakfast this morning? | | | |
| Did you study at home last night? | | | |
| Did you play video games yesterday? | | | |
| Did you read comic books yesterday? | | | |
| Did you have fun last week? | | | |

Step 2　Step 1 を基に，友達について伝え合いましょう。

例) A : Who did you interview?

　　B : I interviewed Mami.

　　A : Tell me about Mami.

　　B : OK. She did housework. She washed dishes after dinner.

　　　　She didn't play sport. She is a member of music club.

文法ポイント

(1) 過去の文の否定文は動詞の前に（　　　　　　　　）を置く。

(2) 動詞は（　　　　　　　　）にする。

　例) Hiro didn't study last night.

まとめワークシート 25

Class (　　) Number (　　) Name (　　　　　　)

過去の文（否定文）

現在の文　I <u>don't</u> watch TV.

過去の文　I <u>didn't</u> watch TV yesterday.

　　　　　　　　　　　　　　動詞の原形

問題 1　(　　　) 内に入る語を考えて，書きましょう。

① A : I (　　　　　　　) do my homework last night.

B : Really?  You need to do it soon.

A : Yes, but I feel bad today.  I had a fever last night and

I (　　　　　　　) sleep well last night.

② A : You (　　　　　　　) come to tennis practice last Sunday, right?

B : No.  I went to my grandfather's house.

We celebrated his 90-year-old birthday.

A : Oh, happy birthday.  I (　　　　　　　) see you so I was worried.

問題 2　あまのじゃくのあなたは，いつも他人が言うことの逆を言います。
　　　　あまのじゃくになって，①〜③を，すべて否定しましょう。

① A : You studied hard yesterday.

B : No. _____.

② A : You sang a song well.

B : No. _____.

③ A : Thank you very much for cooking dinner for me.

B : No. _____.

# 26 過去形④ 肯定文・疑問文・否定文（be 動詞）

## 身に付けさせたい「知識＆技能」のポイント

be 動詞の過去形については，小学校のときに，It was exciting. や，I was happy. の文で，表現として学習してきた。しかし，主語によって，was や were を使い分けるなどの文法的知識は持ち合わせていない。そこで，次を知識及び技能のポイントとして押さえ，指導する。

①be 動詞の過去は，am, is が was になり，are が were になる。

②疑問文は，be 動詞を前に持ってくる。答えるときは，be 動詞を使う。

③否定文は，be 動詞の後ろに not を入れる。

## 指導の流れと評価例（40分）

| ねらい | ○教師の指導／支援　●生徒の活動 | 留意点 |
|---|---|---|
| 目標文を聞く。<br><br><br><br><br><br><br><br><br><br>（10分） | ○目標文を導入する。<br>T：Who is this?（ドラえもんの顔の一部を見せる）　　　　　　　　　　Ss：Doraemon!<br>T：Right. What color is Doraemon?<br>　（ is のカードを見せる）　Ss：Blue.<br>T：Yes. Doraemon is blue.<br>　Then, what color was Doraemon?<br>　（ was のカードを見せる）<br>T：It was yellow.（昔，黄色だったときのドラえもんの絵を見せる）　　Ss：Really? | ・昔と今を比較した題材で be 動詞の過去を導入する。<br>・ドラえもんが青くなった理由（耳をちぎられて泣いて青くなった他）も英語で解説する。 |
| 目標文の理解を図る。<br><br><br>（5分） | ○目標文について簡単に解説する。<br>T：今日の勉強は，be 動詞の過去形です。<br>　ドラえもんは今は青色ですが，昔は，Doraemon was yellow. でした。<br>T：このように，be 動詞を過去形にすると，過去 | ・導入の文を用いて，簡単に文法解説を行う。<br>・am や are の過去形も扱っておく。 |

| | の文になります。 | ・板書はまだ写させない。 |
|---|---|---|
| | 板書 Doraemon is blue.<br><br>↓<br><br>Doraemon was yellow.<br>（ドラえもんは黄色だった）<br>＊be 動詞を過去形にする→過去の文<br>I am old. You are full.<br>↓ ↓<br>I was young. You were hungry. | ・必要に応じて, 繰り返させる。 |
| 目標文を使ってみる。<br><br>（15分） | ●友達にインタビューする。 ワークシート<br>・インタビューし, 結果を表に記入する。（Step 1）<br>・Step 1 で情報を得た友達について, 伝え合う。（Step 2） | ・答えたら 1 文足すように伝えておく。<br>・文法ポイントを確認する。 |
| 文法のまとめをする。(10分) | ○文法のまとめを行う。 まとめワークシート<br>・板書で be 動詞の過去について整理する。<br>・問題に取り組ませる。 | ・板書をノートに写させる。 |
| 〔評価例〕・「まとめワークシート」で, 目標文の理解と技能を確認する。 |||

## 評価

| 評価規準 | be 動詞が入った過去の文を理解し, 表現する技能を身に付けている。 |||
|---|---|---|---|
| 評価基準 | 十分満足できる（a） | 概ね満足できる（b） | 努力を要する（c） |
| | be 動詞の過去の文を**十分に**正しく用いて伝えている。 | be 動詞の過去の文を**概ね**正しく用いて伝えている。 | be 動詞の過去の文への理解が不十分である。 |

ワークシート 26

# be 動詞の過去形

~ I was happy. I wasn't happy. Were you happy? ~

Class (　　) Number (　　) Name (　　　　　　　　　)

Step 1 　次の質問に対して，答えたら1文以上足して言いましょう。

例) A : What did you do last night?

B : I played a video game. It was *MARIOKART*.

A : How was it?

B : It was very fun. I was really excited. How about you?

A : I watched a movie on DVD. It was moving and exciting.

| | 質問 | メモ |
|---|---|---|
| ① | What did you do last night? | |
| ② | Were you tired yesterday? | |
| ③ | What did you eat last night? | |
| ④ | What time did you go to bed? | |
| ⑤ | How was the weather yesterday? | |
| ⑥ | Where did you go last weekend? | |
| ⑦ | Did you study last night? | |

Step 2 　Step 1 で得た情報のいくつかを友達と伝え合いましょう。

例) A : Who did you interview?

B : I interviewed Kenta. He studied math. It was difficult for him.

文法ポイント

(1) is, am の過去形は (　　　　　　) で，are の過去形は (　　　　　　) である。

(2) be 動詞の疑問文は，be 動詞を (　　　　　　) に持ってくる。

(3) be 動詞の否定文は，be 動詞の後ろに (　　　　　　) を入れる。

まとめワークシート 26

Class (　　　) Number (　　　) Name (　　　　　　　　　)

be 動詞の過去の文（〜だった）

I <u>am</u> happy.　　　You <u>are</u> rich.　　　Hiro <u>is</u> kind.

↓　　　　　　　　↓　　　　　　　　↓

I <u>was</u> happy.　　　You <u>were</u> rich.　　Hiro <u>was</u> kind.

疑問文　　　<u>Were</u> you rich?　　　<u>Was</u> Hiro kind?

⎰ Yes, I was.　　　⎰ Yes, he was.
⎱ No, I wasn't.　　⎱ No, I wasn't.

否定文　　　I was <u>not</u> happy.　　You were <u>not</u> rich.

---

問題 1 (　　　) 内に入る語を考えて，書きましょう。

① A :（　　　　　　　）you home yesterday?

　B : Yes, I（　　　　　　　）. I did my homework. I（　　　　　　　）too tired.

② A : Where did you go last Sunday?

　B : I went to the stadium. I watched a baseball game.

　A : How（　　　　　　）it?

　B : It（　　　　　　）really exciting. It（　　　　　　）a good game.

問題 2 〔　　　〕内の語を用い，対話文を完成させましょう。

Sally : What happened to you? You don't look good today.

Ken : I'm sick today. ①（　　　　　　　　　　　　　　　　　）yesterday.

〔 the shower / cold 〕

Sally : Was it broken?

Ken : Maybe. ②（　　　　　　　　　　　　　　　　　）yesterday.

〔 I / not / lucky 〕

# 27 | 過去進行形①肯定文

## 身に付けさせたい「知識＆技能」のポイント

　過去進行形は，中学校で学習する新規の文法である。過去進行形の仕組み
は単純である。現在進行形の be 動詞を過去形にするだけである。意味は
「〜していた」となる。押さえたいポイントは以下である。

　①現在進行形の be 動詞を過去形にすれば，過去進行形になる。

　② am, is の過去形は was，are の過去形は were である。

## 指導の流れと評価例（40分）

| ねらい | ○教師の指導／支援　●生徒の活動 | 留意点 |
|---|---|---|
| 目標文を聞く。<br><br><br><br><br><br><br><br><br><br><br><br><br>（10分） | ○目標文を導入する。<br>・教師の昨夜の行動の一部隠して，写真で見せ，何をしていたのか推測させる。<br>T：It was 7 o'clock last night. What was Mr. Takizawa doing?（ was のカードを見せる）<br>Ss：Eating dinner.<br>T：Yes. I was eating dinner at 7 last night.（ was のカードを見せる）<br>・最後にオチをつける。<br>T：What was Mr. Takizawa doing at 11 last night?<br>Ss：Sleeping?<br>T：No, I was eating again. | ・教師の一面を生徒に開示する。<br>例）テレビを見る／本を読む／皿を洗う／リラックスする等<br>・昨夜の行動を写真で見せながら，最後はオチをつける。 |
| 目標文の理解を図る。<br>（5分） | ○目標文について簡単に解説する。<br>T：今日は，「〜していた」という過去進行形を学習します。現在進行形の「〜しています」は，どんな形だっけ？ | ・現在進行形の文と比較し，過去進行形の説明を行う。<br>・生徒とやり取り |

| | | |
|---|---|---|
| | Ss：be 動詞＋動詞の ing。<br>T：そうでしたね。その be 動詞を過去形にすると，「〜していた」という意味になります。簡単でしょ。ちなみに，is と am の過去形はなんでしたっけ？　　　　　Ss：was<br>T：are の過去形は？　　Ss：were<br><br>板書　I am taking a bath.<br>　　　　　↓<br>　　　I was taking a bath.<br>　　（私はお風呂に入っていました）<br>　　is ⟶ was　　are ⟶ were<br>　　am ↗ | をしながら進める。<br>・is, am, are の過去形も復習を兼ね，確認する。<br>・板書はまだ写させない。<br>・必要に応じて，繰り返させる。 |
| 目標文を使ってみる。(15分) | ●友達にインタビューする。　　ワークシート<br>・昨夜の行動を書く。(Step 1 )<br>・友達と昨夜のことについて尋ね合う。(Step 2 ) | ・昨夜の行動を書きながら，過去進行形に慣れさせる。 |
| 文法のまとめをする。(10分) | ○文法のまとめを行う。　　まとめワークシート<br>・板書で過去進行形について整理する。<br>・問題に取り組ませる。 | ・板書をノートに写させる。 |
| 〔評価例〕・「まとめワークシート」で，目標文の理解と技能を確認する。 | | |

## 評価

| 評価規準 | 過去進行形の文を理解し，表現する技能を身に付けている。 | | |
|---|---|---|---|
| 評価基準 | 十分満足できる（a） | 概ね満足できる（b） | 努力を要する（c） |
| | 過去進行形の文を十分に正しく用いて伝えている。 | 過去進行形の文を概ね正しく用いて伝えている。 | 過去進行形の文への理解が不十分である。 |

ワークシート27

## 過去進行形（〜していた）
### 〜 I was doing my homework. 〜
Class （　　） Number （　　） Name （　　　　　　　　　）

Step 1　あなたが昨日，その時刻に何をしていたのか書いていきましょう。

例）I was having dinner.

18:00　＿＿＿＿＿＿＿＿＿＿＿＿＿＿＿＿＿＿＿＿＿＿

19:00　＿＿＿＿＿＿＿＿＿＿＿＿＿＿＿＿＿＿＿＿＿＿

20:00　＿＿＿＿＿＿＿＿＿＿＿＿＿＿＿＿＿＿＿＿＿＿

21:00　＿＿＿＿＿＿＿＿＿＿＿＿＿＿＿＿＿＿＿＿＿＿

22:00　＿＿＿＿＿＿＿＿＿＿＿＿＿＿＿＿＿＿＿＿＿＿

23:00　＿＿＿＿＿＿＿＿＿＿＿＿＿＿＿＿＿＿＿＿＿＿

0:00　＿＿＿＿＿＿＿＿＿＿＿＿＿＿＿＿＿＿＿＿＿＿

Step 2　友達と昨夜何をしていたか尋ね合いましょう。

例）A：What were you doing at about 6 last night?

　　B：I was walking back to my home. How about you?

　　　What were you doing at about 6 last night?

　　A：I was doing my homework.

### 文法ポイント

(1)「〜していた」という過去進行形は，be 動詞を（　　　　　　）にする。

(2) 形は，（　　　　　）＋（　　　　　）である。

(3) is, am の過去形は（　　　　　）で，are の過去形は（　　　　　　）である。

まとめワークシート 27

Class ( ) Number ( ) Name ( )

過去進行形の文（～していた）

I <u>am</u> playing tennis.　　You <u>are</u> taking a bath.

↓ ↓

I <u>was</u> playing tennis.　　You <u>were</u> taking a bath

問題 1 （ ）内に入る語を考えて，書きましょう。

① A : I saw Mt. Fuji yesterday. It ( ) beautiful.

B : Wow, that's nice. Did you take pictures?

A : Yes, but we ( ) busy, so I took only one picture.

B : Yesterday I went to *onsen*, it ( ) good.

② A : You look tired today. What happened to you?

B : I didn't sleep at all last night.

A : Why not?

B : I ( ) studying for today's English test.

問題 2 〔 〕内の語を必要に応じ形を変えて，対話文を完成させましょう。

① Hiro : Where were you last Sunday?

Lucy : Last Sunday? I was at Yuki's house.

Hiro : What were you doing?

Lucy : _____.

〔 are / make / cookies 〕

② Bob : I saw you at the station last Wednesday.

Mari : Yes, _____.

〔 am / wait / for / father 〕

# 28 | 過去進行形②疑問文・否定文

## 身に付けさせたい「知識＆技能」のポイント

　過去進行形の疑問文は，be 動詞を前に持ってくるだけである。生徒は，You are …. の文や現在進行形で be 動詞の入った文の疑問文は経験済みである。生徒には，「be 動詞があるけど，疑問文はどうしたらいいんだっけ？」と尋ね，疑問文の作り方を生徒から出させる。以下の 3 点を押さえる。

　①過去進行形の疑問文は，be 動詞を前に持ってくるだけである。

　②答えるときは，be 動詞を使う。

　③否定文は，be 動詞の後ろに not を入れる。

## 指導の流れと評価例（35分）

| ねらい | ○教師の指導／支援　●生徒の活動 | 留意点 |
|---|---|---|
| 目標文を聞く。<br><br><br><br><br><br><br><br><br><br>（10分） | ○目標文を導入する。<br>T：What were you doing at about 9 o'clock last night?<br>Ss：I was … ing.<br>T：How about you, S1?<br>S1：Well, I was watching TV.<br>T：Were you sleeping at 10?<br>S1：No. I was reading a comic book.<br>T：Were you sleeping at 11?<br>S1：No, I was watching YouTube.<br>T：Were you sleeping at midnight?<br>S1：Yes. I went to bed at 11：30. | ・前夜の行動を英語で生徒とやり取りを行う。<br>・必要に応じて，I was … ing …. のように，黒板に前時の表現を視覚情報で与える。 |
| 目標文の理解を図る。（3分） | ○目標文について簡単に解説する。<br>T：今日，みんなに先生は「～時には，寝ていましたか？」と過去進行形の疑問文で尋ねていまし | ・生徒とやり取りをしながら，文法の仕組みを考えさせ，そ |

<table>
<tr><td colspan="3">
た。出だしはなんて聞いていたでしょうか。<br>
Ss：Were you ....<br>
T：そうですね。過去進行形に be 動詞があるので，be 動詞がある場合，疑問文にするにはどうしたらいいんだっけ？<br>
Ss：be 動詞を前に持ってくる。<br>
T：そうです。英語はすべて，be 動詞があれば，それを前に出せば，疑問文になるんです。<br><br>
板書　You were sleeping at 10.<br>
Were you　　sleeping at 10?<br>
Yes, I was.<br>
No, I wasn't.
</td><td>
の理屈を教える。<br>
・be 動詞のある文は，be 動詞を前に出すだけで疑問文になることを確認する。<br>
・答え方も「あなたは……」で聞いているので，「私は……」で答えることを理解させる。
</td></tr>
</table>

| | | |
|---|---|---|
| 目標文を使ってみる。(12分) | ●友達にインタビューする。　ワークシート<br>・ゲームをする。(Step 1)<br>・相手の発言を疑問文にして確認し合う。(Step 2) | ・相手の話を確認する方法も教える。 |
| 文法のまとめをする。(10分) | ○文法のまとめを行う。　まとめワークシート<br>・板書で過去進行形について整理する。<br>・問題に取り組ませる。 | ・板書をノートに写させる。 |

〔評価例〕・「まとめワークシート」で，目標文の理解と技能を確認する。

## 評価

| 評価規準 | 過去進行形の疑問文を用いて表現する技能を身に付けている。 | | |
|---|---|---|---|
| 評価基準 | 十分満足できる (a) | 概ね満足できる (b) | 努力を要する (c) |
| | 過去進行形の疑問文を**十分**に正しく用いて伝えている。 | 過去進行形の疑問文を**概ね**正しく用いて伝えている。 | 過去進行形の疑問文への理解が不十分である。 |

ワークシート 28

## 過去進行形（疑問文・否定文）

~ Were you running this morning? I wasn't watching TV last night. ~

Class （　　）Number （　　）Name （　　　　　　　　）

Step 1 　下の表はその人が昨夜やっていた行動です。6人の中から1人選び，その人になりきってください。人物を決めたら，名前を〇で囲みましょう。昨夜の行動を尋ねながら，相手が誰なのかを当てていきます。じゃんけんに勝った人は2回だけ質問ができます。その2回で相手を当てましょう。

例）A：Were you having dinner at 7?　　　　B：No, I wasn't.

　　A：Were you taking a bath at 10?　　　　B：No, I wasn't.

　　A：Wow! Are you Kenta?　　　　　　　B：Sorry, I am Hiro.

| 名前 | 7:00 | 8:00 | 9:00 | 10:00 | 11:00 | midnight |
|------|------|------|------|-------|-------|----------|
| Tom | 夕食 | お風呂 | テレビ | 寝ている | ゲーム | 寝ている |
| Mami | 勉強 | 勉強 | 夕食 | お風呂 | 寝ている | 寝ている |
| Kenta | テレビ | 宿題 | 夕食 | 読書 | テレビ | お風呂 |
| Yuki | 勉強 | 勉強 | 夕食 | お風呂 | テレビ | 寝ている |
| Hiro | テレビ | 宿題 | 夕食 | 寝ている | 寝ている | 寝ている |
| Libby | 夕食 | お風呂 | テレビ | 読書 | ゲーム | 宿題 |

Step 2 　友達が言ったことを疑問文にして繰り返し，確認しましょう。

例）A：I was having dinner at 7.

　　B：Were you having dinner at 7?

　　A：Yes, I was.

### 文法ポイント

(1) 過去進行形の疑問文は，（　　　　　　　　　）を前に持っていく。

(2) 答えるときは，（　　　　　　　　）を使う。

(3) 否定文は，be動詞の後ろに（　　　　　　　　）を入れる。

まとめワークシート 28
Class (　) Number (　) Name (　　　　)

過去進行形（疑問文・否定文）
　　　You <u>were</u> taking a walk at 6.

　　　　　　　　　　　　　　＊ be 動詞を前に持ってくると疑問文

<u>Were</u> you　　taking a walk at 6?
{ Yes, I was.
{ No, I wasn't.  I was <u>not</u> taking a walk at 6.

　　　　　　　＊ be 動詞の後ろに not を入れると否定文

問題1　（　　）内に入る語を考えて，書きましょう。
① A :（　　）you studying at *juku* last night?
　 B : Yes, I（　　）very tired.  The math questions（　　）too
　　　difficult.  What（　　）you doing last night?
　 A : I（　　）practicing *judo* from 7 to 9.
② A : You（　　）playing an online game last night, right?
　 B : Why do you know?
　 A : Because I（　　）playing the same online game.

問題2　〔　　〕内の語を必要に応じ形を変えて，対話文を完成させましょ
　　　　う。
Hiro :＿＿＿＿＿＿＿＿＿＿＿＿＿＿＿＿ last weekend?
　　　　　　　〔 what / are / do 〕
Lucy : Guess what?
Hiro :＿＿＿＿＿＿＿＿＿＿＿＿＿＿＿＿?
　　　　　　〔 are / climb / a mountain 〕
Lucy : Good guess.  I was climbing Mt.Fuji, and I saw a beautiful view.

# 29 接続詞
## When I went home, my dog was eating my cake!

### 身に付けさせたい「知識＆技能」のポイント

　現在の学習指導要領になり，接続詞が文法事項として扱われることになった。従位接続詞には when（〜のとき），because（なぜならば，〜なので），if（もし〜ならば）等がある。本時は，接続詞 when を扱う。押さえておきたいポイントは以下である。特に，when go to .... のように，主語を省いてしまう誤りがあるので，留意させたい。

① when には，「〜のとき」という意味もある。

② when の次は，主語＋動詞の語順になる。

### 指導の流れと評価例（35分）

| ねらい | ○教師の指導／支援　●生徒の活動 | 留意点 |
|---|---|---|
| 目標文を聞く。<br><br><br><br><br><br>（10分） | ○目標文を導入する。<br>T：When I want to eat something, I often go to Gusto. It's very reasonable and I can drink many kinds of drinks. Where do you go when you want to eat something?<br>S1：I go to McDonald's.<br>T：Oh, when you want to eat something, you go to McDonald's. | ・身近な話題で，when の文を導入する。<br>・何か食べたいものがあったら，どこに食べにいくかという話題で対話する。 |
| 目標文の理解を図る。<br><br><br><br>（3分） | ○目標文について簡単に解説する。<br>T：今まで，When is your birthday? のように，「いつ」という意味の when を学んできました。実は，when には，もう1つの使い方があって，「〜のとき」という意味があります。<br>　例えば，When I want to eat だと，「食べたい | ・小学校から馴染みのある When is your birthday? の疑問詞の when と比較しながら，文法解説を簡単に行う。 |

| | | |
|---|---|---|
| | とき」という意味になります。ポイントは，when の後ろは，主語＋動詞の語順になることです。よ〜く気をつけてください。また，when の文は，後ろに持っていくこともできます。その場合，コンマは要りません。<br><br>板書 When is your birthday?<br>　　　いつ<br>When I want to eat, I go to Gusto.<br>〜のとき　主語＋動詞　　コンマ<br>I go to Gusto when I want to eat. | ・特に，when の次には，主語＋動詞がくること，when の文は，後ろに持っていくこともできること。その場合コンマは要らないということを解説する。 |
| 目標文を使ってみる。(12分) | ●友達にインタビューする。　　ワークシート<br>・友達に質問する。（Step 1）<br>・友達に尋ねてわかったことを伝える。（Step 2） | ・尋ねたことを他者に伝える Reporting 活動に慣れさせる。 |
| 文法のまとめをする。(10分) | ○文法のまとめを行う。　　まとめワークシート<br>・板書で接続詞 when について整理する。<br>・問題に取り組ませる。 | ・板書をノートに写させる。 |
| 〔評価例〕・「まとめワークシート」で，目標文の理解と技能を確認する。 | | |

## 評価

| | | | |
|---|---|---|---|
| 評価規準 | 接続詞 when を用いて，表現する技能を身に付けている。 | | |
| 評価基準 | 十分満足できる（a） | 概ね満足できる（b） | 努力を要する（c） |
| | 接続詞 when を**十分**に正しく用いて伝えている。 | 接続詞 when を**概ね**正しく用いて伝えている。 | 接続詞 when への理解が不十分である。 |

ワークシート 29

接続詞 when（〜のとき）

〜 When I was a child, I liked 仮面ライダー 〜

Class （　） Number （　） Name （　　　　　　）

Step 1　次の中からいくつか質問を選んで，友達にしてみましょう。Step 2
では，それを他の友達に伝えます。

| | 質問 | メモ |
|---|---|---|
| ① | When you are free, what do you do? | |
| ② | When you take a trip, where do you want to go? | |
| ③ | When you are hungry, what do you eat? | |
| ④ | When you are thirsty, what do you drink? | |
| ⑤ | When it is sunny and cool, what do you do? | |
| ⑥ | When you go to *karaoke*, what do you sing? | |
| ⑦ | When you were small, what did you like? | |
| ⑧ | When you were small, what kind of child were you? | |

Step 2　Step 1 で尋ねたことを，友達に伝えましょう。

例）I asked Miki. She plays the piano when she is free.

文法ポイント

(1) when には，「いつ」という疑問詞の when と，（　　　　　　）と
いう接続詞の when がある。

(2) 接続詞の when の後ろには，（　　　　　　）がくる。

(3) 接続詞の when の文は，後ろに持っていくことができ，その場合，
（　　　　　　）は，不要である。

例）I go shopping when I have free time.

まとめワークシート29

Class （　　） Number （　　） Name （　　　　　　　　　）

接続詞（when：〜のとき）
　　When is your birthday?　　　When is today's lunch?
　　いつ　　　　　　　　　　　　いつ
　　When I am hungry, I go to McDonald's.
　　〜のとき　　　　　　　←コンマ
　　I go to McDonald's when I am hungry.
　　　　　　　　　　　　←コンマは要らない

問題1　（　　　）内に入る語を考えて，書きましょう。

① A：（　　　　　　　　　　　） do you practice *kendo*?

　 B：On Tuesdays and Fridays.

　 A：（　　　　　　　　　　　） is the next *kendo* tournament?

　 B：In July.

② A：（　　　　　　　　　　　） a foreign person asks you in English,

　　（　　　　　　　　　　　） do you do?

　 B：Of course, I talk and help the person.

問題2　〔　　　〕内の語を用いて，対話文を完成させましょう。

Jimmy：_____, ask me anytime.

　　　　　　〔 when / have questions 〕

Mana：Where do you want to go _____?

　　　　　　　　　　　　　　〔 you / free 〕

Lucy：_____, I want to visit Gifu.

　　　　　　〔 have / free time 〕

# 30 | 第4文型　SVOO

## 身に付けさせたい「知識＆技能」のポイント

　「～に…を」の文を学習する。これ自体は，語や語句を順番につなげれば表現できるので，さほど難しくはないと思われる。「人物の法則」で，「人」＋「物」の順番になる。語順整序等で理解を確認したい。押さえておきたいポイントは以下である。

　①「～に…を」の文では，「人（など）＋物」の語順になる。

　②英語は必ず「主語＋動詞」で始まり，SV（第1文型），SVC（第2文型），SVO（第3文型）があり，今回の「主語＋動詞＋人（など）＋物」はSVOO（第4文型）である。

## 指導の流れと評価例（35分）

| ねらい | ○教師の指導／支援　●生徒の活動 | 留意点 |
|---|---|---|
| 目標文を聞く。<br><br><br><br><br><br><br><br><br><br>（10分） | ○目標文を導入する。<br>T：This is Peach Boy. A dog says, "Give me *kibidango.*" Then, Peach Boy gives the dog *kibidango.*<br>・キジ，猿の話もする。<br>T：This is another story. A wolf says, "Open the door." The goat says, "Show me your hand." Then, the wolf shows the goat his hand. | ・SVOO の文を用いる話題として，物語を取り上げる。桃太郎が犬や猿，キジにきび団子をあげる場面や，狼が手や足を見せる場面を使う。 |
| 目標文の理解を図る。<br><br><br>（5分） | ○目標文について簡単に解説する。<br>T：今までにみんなはこんな文型を習ってきました。I walk. これは，主語＋動詞の文で，これを第1文型といいます。<br>・このように第1～3文型まで説明する。 | ・英語には5つの文型しかなく，文は5つに分類できる。<br>・第1文型から第3文型までを分類し， |

| | | |
|---|---|---|
| | T：今回の Peach Boy gives a dog *kibidango.* では，Peach Boy が主語で，gives が動詞，a dog は目的語になり，*kibidango* も，目的語になります。この文型を SVOO といって，4番目の文型になります。<br><br>板書 **Peach Boy gives a dog *kibidango*.**<br>　　　　S　　V　　O　　　O<br>I walk.　I am Hiroto.　I study English.<br>S　V　　S　V　C　　S　V　　O<br>　　　　＝（補語）　　≠（目的語） | そして，本時の第4文型を確認していく。 |
| 目標文を使ってみる。(10分) | ●友達にインタビューする。　　ワークシート<br>・教えてくれる人を探す。(Step 1)<br>・教えてくれる人を友達に伝える。(Step 2) | ・クラス名人を探すつもりで，行う。 |
| 文法のまとめをする。(10分) | ○文法のまとめを行う。　　まとめワークシート<br>・板書で SVOO の文型について整理する。<br>・問題に取り組ませる。 | ・板書をノートに写させる。 |
| 〔評価例〕・「まとめワークシート」で，目標文の理解と技能を確認する。 | | |

### 評価

| 評価規準 | SVOO の語順を理解し，表現する技能を身に付けている。 | | |
|---|---|---|---|
| 評価基準 | 十分満足できる（a） | 概ね満足できる（b） | 努力を要する（c） |
| | SVOO の語順を**十分**に正しく用いて伝えている。 | SVOO の語順を**概ね**正しく用いて伝えている。 | SVOO の理解が不十分である。 |

ワークシート30

## 第4文型　SVOO の文

### ～ Peach Boy gives a dog, a monkey, and a pheasant *kibidango*. ～

Class (　　) Number (　　) Name (　　　　　　　)

Step 1　次の教科やスポーツは誰に聞けば教えてくれるでしょう？

例) A : Please teach me math.　　B : Sure. / No, I can't.

　　A : Can you teach me soccer?　B : Of course. / No, I can't.

| Subjects | メモ | Sports | メモ |
|---|---|---|---|
| math | | soccer | |
| English | | baseball | |
| science | | basketball | |
| social studies | | volleyball | |
| music | | tennis | |
| Japanese | | table tennis | |
| P.E. | | *judo* | |
| arts and crafts | | *kendo* | |

Step 2　Step 1 で得た情報を，友達に伝えましょう。

例) Hiro teaches me English. Misaki teaches me volleyball.

### 文法ポイント

(1)「～に…を」という文は，第 (　　　) 文型で，SVOO の文型となる。

(2) SVOO で使われる主な動詞は，teach, give, show, tell, buy, make 等がある。

　例) I give you some hints. （あなたにヒントをあげます）

　例) Mami buys me a book. （マミは本を買ってくれる）

まとめワークシート30

Class (　　) Number (　　) Name (　　　　　　　　)

第4文型　SVOO（～に…を）
Ms Sato teaches us music.（佐藤先生は私たちに音楽を教える）
　　S　　　V　　O　　O

| 主な動詞 | give | | ～に…をあげる |
| | buy | | ～に…を買ってあげる |
| | show | 人＋物 | ～に…を見せる，教える |
| | tell | | ～に…を教える，言う |
| | make | | ～に…を作ってあげる |

問題1　〔　　　〕内の語を並べ替えて，意味の通る文にしましょう。

① A : Did you get some chocolates at Valentine's Day?

　 B : Yes. ＿＿＿＿＿＿＿＿＿＿＿＿＿＿＿＿＿＿＿＿＿.
　　　　　　　〔 me / chocolates / many / people / gave 〕

② A : ＿＿＿＿＿＿＿＿＿＿＿＿＿＿＿＿＿＿＿＿＿＿＿.
　　　　　　〔 me / your / e-mail address / tell 〕

　 B : Why do you want to know my e-mail address?

　 A : ＿＿＿＿＿＿＿＿＿＿＿＿＿＿＿＿＿＿＿＿＿＿＿.
　　　　　　〔 I / want / send / some pictures / to / you 〕

③ A : ＿＿＿＿＿＿＿＿＿＿＿＿＿＿＿＿＿＿＿＿＿＿?
　　　　　　〔 Mr. Kubo / does / you / teach / math 〕

　 B : No. ＿＿＿＿＿＿＿＿＿＿＿＿＿＿＿＿＿＿＿＿＿.
　　　　　　〔 teaches / he / us / English 〕

問題2　第4文型の文を作ってみましょう。

＿＿＿＿＿＿＿＿＿＿＿＿＿＿＿＿＿＿＿＿＿＿＿＿＿＿＿＿

140

p.51 1 Step 2

① am ② I'm ③ I'm / not

p.53 2 Step 2

① play ② am ③ study ④ don't

p.55 3 Step 2

① I can play basketball

② I can't speak English well

p.57 4 Step 2

① Are you good at sport

② Are you good at basketball

p.59 5 Step 2

① Do you play the guitar

② Do you play the guitar /

　 [Do you play any instruments]

③ No, I don't

p.61 6 Step 2

① Can you ride it

② Can you teach me

p.63 7 Step 2

① What's this [What is this]

② What's that [What is that]

p.65 8 Step 2

① Who's this [Who is this]

② Who's Kazuki [Who is Kazuki]

p.67 9 Step 2

① What comic book do you like?

② What food do you cook?

p.69 10 Step 2

① What do you eat

　 [What do you usually eat]

② What do you eat

p.71 11 Step 2

① How many marker pens do you

　 have

② How many marker pens do you

　 need

p.73 12 Step 2

① is ② is ③ am ④ am ⑤ is ⑥ is ⑦ is

⑧ are ⑨ is ⑩ is

p.75 13 Step 2

① Where do you go shopping

② Where are my glasses

③ They are on your head

p.77 14 Step 3

① What time is it

② What time do you usually go to bed

p.79 15 Step 3

When do you practice it

## ワークシートの解答 16 ～ 21

p.82 16 文法ポイント

(2)plays / cooks / studies / flies / watches / teaches / has

p.83 16 まとめワークシート

問題1 ① cooks ② studies ③ goes ④ watches ⑤ teaches ⑥ has

問題2 ① plays ② runs ③ watches ④ goes / swims ⑤ teaches ⑥ comes / studies

p.86 17 文法ポイント

(1)Does (2)原形

p.87 17 まとめワークシート

問題1 ① Do / do ② Does / does ③ Does / does ④ does ⑤ do

問題2 ① Does he play basketball ② he doesn't ③ does he play it

p.90 18 文法ポイント

(1)does not [doesn't] (2)原形

p.91 18 まとめワークシート

問題1 ① don't ② doesn't ③ doesn't ④ don't ⑤ doesn't

問題2 ① Bob lives in Osaka. ② He speaks English and Spanish. ③ He doesn't have any pets. [He has no pets.] ④ He plays baseball, but he doesn't play basketball.

p.94 19 文法ポイント

(2)cooking / studying / using / running / swimming

p.95 19 まとめワークシート

問題1 ① cooking ② making ③ playing ④ swimming ⑤ using ⑥ having ⑦ sitting ⑧ studying

問題2 ① is / playing ② is / sleeping ③ am / doing ④ are / making

p.98 20 文法ポイント

(1) 前 / Are / am / not (2)not / not

p.99 20 まとめワークシート

問題1 ① Are / not ② Is / is ③ Do / do ④ Are / they / are ⑤ Is / it / is

問題2 ① Are you having fun / Is she wearing a *yukata* ② Is she playing the piano / Yes, she is

p.102 21 文法ポイント

(1)～すること／動名詞 (2)主語

p.103 21 まとめワークシート

問題1 ① swimming ② running ③ Studying ④ doing ⑤ making

問題2 ① Do you enjoy reading comic books ② Fishing is my hobby ③ Do you like studying English / Studying English is fun

142

p.106 22 文法ポイント
(1)～すること (2)原形 (3)主語
p.107 22 まとめワークシート
問題1 ① to ② go ③ to ④ to
問題2 ① What do you want to do
[Where do you want to go] / What do
you want to do there [What do you
want to buy]
② Eating breakfast is important
p.110 23 文法ポイント
(1)過去形 (2)ed
p.111 23 まとめワークシート
問題1 ① went / ate ② did / sent /
got
問題2 ① I went to bed at …. ② I ate …
③例) I played video games. / I read a
book. / I practiced the piano. ④ I got
up at …. ⑤例) I walked to school. / I
came to school by bike. / I came by
bus.
p.114 24 文法ポイント
(1)Did / 原形 (2)did
p.115 24 まとめワークシート
問題1 ① Did / did / Did / get / did
② Did / didn't / Did / win / did
問題2 ①例) Yes, I did. I went to bed
at 9 [nine]. / No, I didn't. I did my
homework.

②例) Yes, I did. I studied math. / No, I
didn't. I watched TV.
③例) Yes, I did. I watched a music
video. / No, I didn't. I don't watch
YouTube.
④例) Yes, I did. I ate egg and rice. /
No, I didn't. I had no time. I overslept.
⑤例) Yes, I did. I played soccer. /
No, I didn't. I don't play sport.
p.118 25 文法ポイント
(1)did not [didn't] (2) 原形
p.119 25 まとめワークシート
問題1 ① didn't / didn't ② didn't /
didn't
問題2 ① I didn't study hard
yesterday
② I didn't sing a song well
③ I didn't cook [I didn't cook dinner
for you]
p.122 26 文法ポイント
(1) was / were (2)前 (3)not
p.123 26 まとめワークシート
問題1 ① Were / was / was ② was
/ was / was
問題2 ① The shower was cold
② I was not lucky [I wasn't lucky]

## ワークシートの解答27〜30

p.126 27 文法ポイント

(1) 過去形 (2)be 動詞 / 動詞 ing

(3)was / were

p.127 27 まとめワークシート

問題 1　① was / were / was

② was

問題 2　① We were making cookies

② I was waiting for my father

p.130 28 文法ポイント

(1)be 動詞 (2)be 動詞 (3)not

p.131 28 まとめワークシート

問題 1　① Were / was / were / were

/ was

② were / was

問題 2　① What were you doing

② Were you climbing a mountain

p.134 29 文法ポイント

(1)〜のとき (2)主語＋動詞 (3)コンマ

p.135 29 まとめワークシート

問題 1　① When / When

② When / What

問題 2　① When you have questions

② when you are free

③ When I have free time

p.138 30 文法ポイント

(1) 4

p.139 30 まとめワークシート

問題 1　① Many people gave me

chocolates

② Tell me your e-mail address /

I want to send you some pictures

③ Does Mr. Kubo teach you math /

He teaches us English

問題 2　例) Can you show me the

book? / Tell me your phone number. /

Ms. Sato teaches us music. /

Taku made a nice dinner yesterday. /

My teacher bought us some juice.

【著者紹介】
瀧沢　広人（たきざわ　ひろと）
1966年東京都東大和市に生まれる。埼玉大学教育学部小学校教員養成課程卒業後，埼玉県公立中学校，ベトナム日本人学校，公立小学校，教育委員会，中学校の教頭職を経て，現在，岐阜大学教育学部准教授として小・中学校の英語教育研究を行う。主な著書は，『板書＆展開例でよくわかる　英文法アクティビティでつくる365日の全授業　中学校外国語（3分冊）』（2023），『中学校英語　指導スキル大全』（2022），『目指せ！英語授業の達人40　絶対成功する！新3観点の英語テストづくり＆学習評価アイデアブック』（2021），『同39　絶対成功する！中学校新英文法指導アイデアブック』（2021），『同30・31・32　絶対成功する！英文法指導アイデアブック　中学1年～3年』（2015），『中学校英語サポートBOOKS　話せる！書ける！英語言語活動アイデア＆ワーク66』（共著・2023），『同　苦手な子も読める！書ける！使える！中学校の英単語「超」指導法』（2021），『授業をグーンと楽しくする英語教材シリーズ37　授業を100倍面白くする！中学校英文法パズル＆クイズ』（2014），『同29　CanDoで英語力がめきめきアップ！　中学生のためのすらすら英文法』（2014），『同27　文法別で入試力をぐんぐん鍛える！　中学生のための英作文ワーク』（2013）（以上，明治図書）他多数。

中学校英語「知識＆技能」の教え方ガイド
＆ワーク　1年
音声・語彙・文法の指導と評価のすべてがわかる！

| | | |
|---|---|---|
| 2024年3月初版第1刷刊 Ⓒ著　者 | 瀧　沢　広　人 | |
| 発行者 | 藤　原　光　政 | |
| 発行所 | 明治図書出版株式会社 | |

http://www.meijitosho.co.jp
（企画）木山麻衣子（校正）丹治梨奈
〒114-0023　東京都北区滝野川7-46-1
振替00160-5-151318　電話03(5907)6702
ご注文窓口　電話03(5907)6668

＊検印省略　　　　　　組版所　日本ハイコム株式会社

Printed in Japan　　　　　ISBN978-4-18-256124-5
もれなくクーポンがもらえる！読者アンケートはこちらから